友だちの夢に耳を澄ます教室

池田靖章

IBCパブリッシング

はじまりのはじまり

「先生、アメリカの大学に行くにはどうしたらいいですか？」

ある日、校長室に訪れた女子生徒の言葉です。

聞くと、海外語学研修でカナダに行ったときに、全く話せなかった自分がいたとのこと。

「それからは、その自分と向き合って徹底的に英語を磨いてきた。その力を使ってビジネスで成功したい。だから、海外の大学で勝負したい！」

そう教えてくれました。

荒削りの進路イメージ、原体験ではあるものの、その目は本気そのものでした。

このような生徒は、実はどの学校にでもいるのではないでしょうか？

最後の一言、「海外の大学で勝負したい」と思うかどうか以外は。

「トップ高校しか海外大学へはいけない」「お金がない人には関係ない」など、いろいろと言われてきた中、2022年春。

彼女は、U・S・News2022版「世界の大学ランキング」7位のアメリカ・ワシントン大学の合格通知を手にしました。

それは同時並行で、あらゆる海外大学進学の奨学金制度に応募しまくる日々でもありました。


アメリカのアイビーリーグを含むトップ大学は学費ウン百万円、生活費も数百万円の世界です。

一般の家庭には到底届かず、資金調達ができなければ実際に現地にいけないのが現実です。

落ちては出し、落ちては出し。挑戦の繰り返し。その生徒はバイトをしながら、夜にオンラインで指導を受ける日々の中、本当によくついてきました。

狭き門をくぐり抜け、最後の最後にユニクロの柳井さんが創設した柳井正財団海外奨学金の支給が決まったときは、もうこれが本当に嬉しくて……。

年間9万5000ドル、4年で38万ドル（約5700万円 2022年7月当時）を獲得したとのこと。

あの日校長室で語った夢が現実となり、全ての疲れが吹っ飛んだ瞬間でした。


コロナ禍にもかかわらず、努力を惜しまなかった生徒です。

これからも新たな扉を開いてゆくことでしょう。僕はそれが楽しみで仕方ありません。

＊

初めまして。香里ヌヴェール学院中学校高等学校校長の池田靖章です。

34歳で校長になって4年が過ぎ、スタートダッシュで進めてきた学校改革の取り組みの結果が、ようやく現れてきています。

着任した2019年、韓国、台湾、フィリピン、マレーシア、オーストラリア、アメリカなど各国の大学との教育連携協定を結び、海外留学を目指す生徒の後押しを始めました。

これらの大学提携は全て自分で交渉し、現地へ飛ぶこともあれば、オンラインで協定調印を行うこともありました。

それまでほぼ皆無だった本校の海外進学実績は、この4年でオーストラリアのモナシュ大学、マレーシアの名門・テイラーズ大学など、20名以上の合格者が現れ、新たにワシントン大学の合格者も加わったのは、先ほど述べた通りです。

国内進学実績としては、2018年における関西圏の有名大学進学

●本校の教育連携海外協定校（2022年度）

韓国	永進専門大学校
台湾	国立台南大学、銘傳大学、開南大学、樹徳科技大学、明新科技大学、中華大学、元智大学
フィリピン	アンヘレス大学、コーディリアラ大学、セントルイス大学、エンデラン大学
マレーシア	インティ国際大学、ヘルプ大学、テイラーズ大学
オーストラリア	ボンド大学
アメリカ	フォントボーン大学

者（関関同立・産近甲龍）は30名程度でしたが、２０２１年は80名以上が合格することができました。

僕にとって、進学実績の数字は単なる記号であり、そこまで重要視していませんが、生徒たちの頑張りの成果が着実に現れてきている事実でもあり、嬉しくないといったら嘘になります（ただ、やっぱり単なる記号ではありますが）。

今となっては過ぎたことですが、本校は廃校が決定されていた学校でした。

それがありがたいことに、進学説明会への申し込み数は年々増加し、数年前までは一学年60人ほどだった生徒数が、今は5倍以上になっています。

創立１００年を迎えた２０２３年には、本校始まって以来最多となる３１３名の入学者を迎えました。

●本校の海外進学実績

2019年度	ー	0名
2020年度	オークランド工科大学（ニュージーランド）	1名
	ジェネシーコミュニティカレッジ（アメリカ）	1名
	トリニティバレーコミュニティカレッジ（アメリカ）	1名
	テイラーズ大学（マレーシア）	1名
	モナシュ大学（オーストラリア）	1名
	永進専門大学（韓国）	1名
	他（台湾等）	2名
2021年度	テイラーズ大学（マレーシア）	4名
	漢陽大学（韓国）	1名
	他（台湾等）	3名
2022年度	ワシントン大学（アメリカ）	1名
	テイラーズ大学（マレーシア）	1名
	弘光科技大学（台湾）	1名
	樹徳科技大学（台湾）	1名
	韓国聖書大学校（韓国）	1名
		21名

おかげさまで昨年に続き、2年連続で黒字に転じていることもあり、多くのご支援によって新たな投資を計画する段階に入りました。

こうやって書き連ねていくと一見華やかに聞こえますが、着任1年目は世界的な新型コロナウイルスの出現で、難しい選択を幾度も迫られながらの学校運営でした。

とはいうものの、学校における課題は対ウイルスだけでなく、歴史的に

●本校の国内大学合格者数

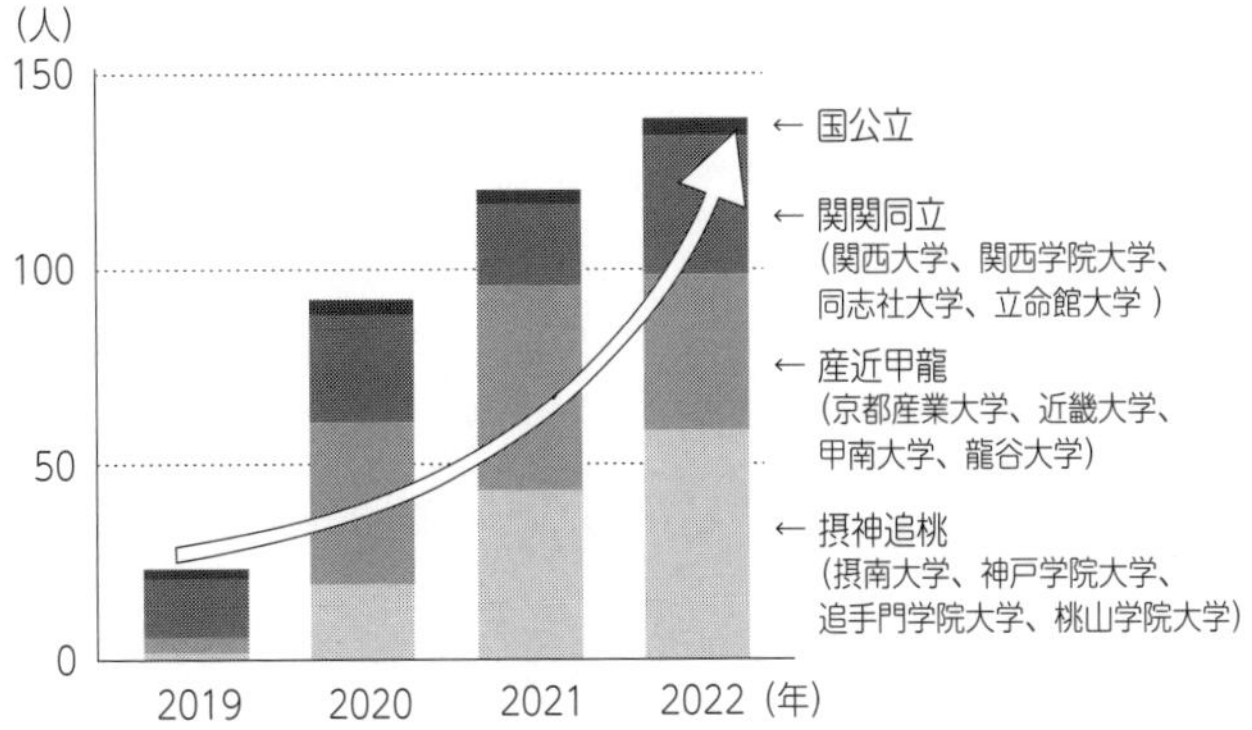

●聖母女学院・ヌヴェール学院卒業生徒数

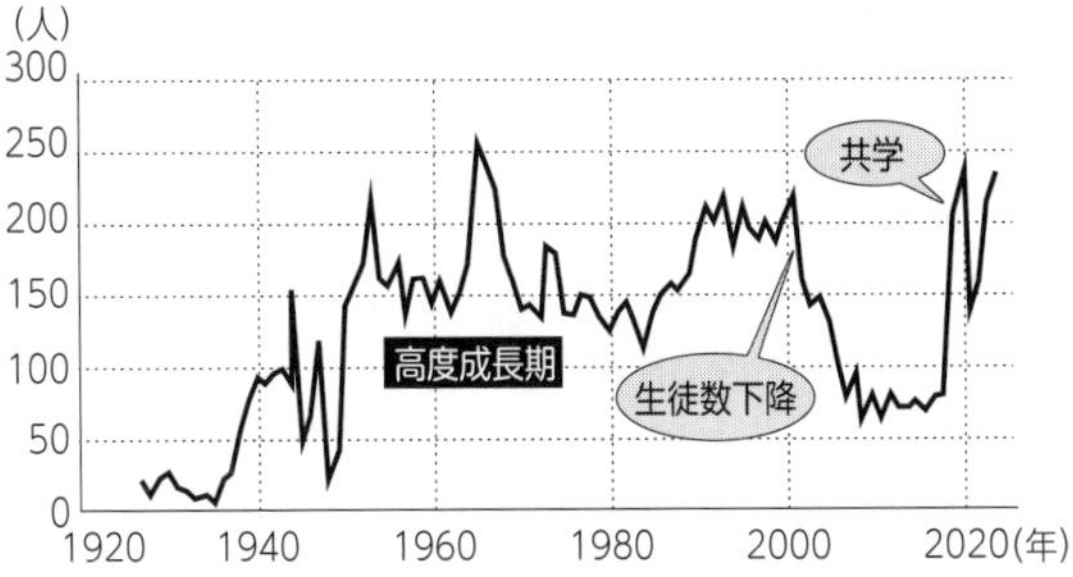

見ても今の日本は、大きな転換期に差し掛かっているのもまた事実です。
多くの管理職及び現場の先生においては、未来の教育がどうなるのか、学校はどうなるのか、といった不安をお持ちの方も少なくないでしょう。保護者の方もまた、同じ思いではないかと思います。

この本は、着任5年目を迎えた30代校長の視点を通して、僕の目指す新たな学校・教育のあり方を、子どものよき未来を願う全ての人と共有するために書いたものです。
とはいえ、堅苦しいことは抜きにして、34歳で着任した〝未熟〟な校長が日本の教育界に一石を投じるべく、新天地での奮闘をつづったノンフィクションとしてお読みいただけるとありがたく思います。

第1章では
「なぜ30代で校長になろうと思ったのか」「校長に必要な力とは何か」などよく聞かれる質問を含めて、僕がどんな人間でどう育ち、どんな教師生活を送ってきたのかを中心に書きました。
この章を読むと、お会いしたことがない方でも「池田はこういう感じの人なんだな」とイメージできるのではないかと思います。

第2章では

校長になったばかりの僕がぶち当たった想定内・外の問題に、どのように対処したかを中心に綴りました。
改革という響きの良さを光とするなら、当然のごとく影の部分があります。書けることはできるだけ隠さず、正直にさらけ出したつもりです。
章末には、着任1年目に実際に行った、生徒の人間関係の問題への介入と対処の持論をまとめました。参考になれば幸いです。

第3章では
海外で勉強したいと願う生徒の想いを、大人の事情で潰すことなく叶えるために、これまで実践してきたことを紹介しています。
昨今、海外で教育を受けたことのない「生まれも育ちも日本」という生徒たちが、海外進学を実現させるケースが増えてきたように見受けられます。同じく、本校も大きく舵を切りました。生徒の夢を応援する学校であることは、常に僕の目標であり願いです。

第4章では
2020年から始まった、コロナ禍の学校現場の歩みをまとめました。
同年5月、即座にオンライン授業へ移行したのですが、イベントや行事の采配……どの学校現場も、悩み迷いながら共に歩んだ時期だったのではないでしょうか。
何が正解なのか、本当のところはわかりませんが、一つの事例としてお読みいただけると幸いです。

第5章では
30代で責任ある管理職を担うことで、どのように学校組織をより良くできるのか。自分なりの方法ですが、これまで模索してきたことをお伝えしています。
僕は本来リーダー向きではなく、一般的な凡人です。だからこそ見えている視野があると思っています。良いリーダーとは何か。この章で一緒に考えていただけると嬉しいです。

第6章では
今後の学校と教育の未来予想図を、僕なりの視点でまとめています。
校長として学校組織のリーダーシップを発揮する際に、過去の歴史から知見を得ることがいかに重要か、深く学ばせていただきました。
過去の失敗と成功に学びながら、現状を眺め、今後の日本の未来を生きる生徒、子どもたちに対して、何を提供することが彼らの人生に役に立つかを考えていきます。

＊

僕は校長になるときに、「日本で最も多様な進路を描くことができる学校を創り、30年後もこの地に存在し続ける経営を行う」と決めました。

・何を考えて校長になったのか
・管理職として新たに飛び込んだ組織をどのように動かしたのか
・どのような教育がその後のキャリアに影響するのか

実際に身を置く日本の教育の問題点と、発見した改善案を、僕なりの視点でお伝えしていきます。
最後までお読みいただけると幸いです。

香里ヌヴェール学院中学校・高等学校　校長　池田靖章

友だちの夢に耳を澄ます教室　目次

第1章

34歳・新米校長あらわる

突然降ってきた、管理職への誘い

34歳で校長になった僕は、年齢的には〝未熟〟だと言えますよね。だって周りにほとんどいませんし。2019年4月、当時現役最年少だったこともあり「現役で最年少校長だ！」「無謀だ！」などなど……関西の教育界では多少話題になっていました（いや、なってないかもしれません）。

ちなみに、2021年着任に30歳の校長・福岡女子商業高等学校の柴山翔太先生がおられます。

僕は大学院を卒業後、すぐに大阪の私立高校教師となり、10年を経て校長になりました。これがどういうことかというと、いわゆる指導主事や主幹、教頭職といった通常の管理職を経験せず、そのまま校長になったということです。

こんなキャリアなので、すごく野心家に見えるかもしれませんが、誤解のないようにお伝えすると、取り立てて熱く「校長になりたい」と思っていたわけではありません。

むしろ「そんな面倒な仕事、暇な奴がやれ！（暴言失礼）」くらいに思っていました。それくらいゼロベースだったということです。とはいえ、ゼロから始める状況にどうしてもワクワクしてしまうタチで、困難なほど燃えてしまう人間ではありました。

前任校では毎年クラスの担当を持ち、生徒たちの海外進学のサポートと探究授業のデザイン、教職専門のカウンセラーなど、思うままに学ばせていただきながら、10年間ほど教壇に立っていました。

そんな僕に２０１８年、とある人物から一通のメールが届いたのです。


「管理職どう？」


それは「ある学校の管理職にならない？　推薦するよ」という内容でした。

突然の誘いに驚き戸惑い、最初は半笑いで「自分にできるわけない」と文面を眺めていました。と同時に、ふつふつと湧いてきた好奇心が、なぜか僕をくすぐるのです。

その後しばらくの間、その方と管理職に関する話もしました。僕の良いところをたくさん書いていただくこともあり、不思議なことに「自分にもできるんじゃないか？」などと思い始めたのを覚えています（全く勘違いも甚だしいですよね）。

その「ある学校」が、香里ヌヴェール学院でした。

もともとの校名は大阪聖母女学院という女子校。２０１７年に共学化し、学校改革を進めてきたとのことでした。大阪聖母女学院はもちろん知っていました。大阪で生まれ育ったので当然です。伝統校であり、いわゆるお嬢様がいく学校というイメージです。

本当に僕でいいのかな……そんな思いを巡らせていました。

そのとき、数年前に出会ったある教頭の言葉が、脳内に響き渡ったのです。


2015年の春が明けた頃、インターナショナル・スクール・オブ・アジア軽井沢で開催されたワークショップ後の懇親会の席でした。たまたま席が隣になった教頭先生と、熱く教育論を交わしました。確か、マインドセットのあり方を論議していたと思います。

彼の欧米仕込みの教育論は、当時の僕にはとても新鮮で、大いに盛り上がってしまい、その流れで現場の不満、今の教育のあり方について自然と語ってしまったのです。

「……そんなに文句言うのなら管理職になれば?」

強く、ストレートな言葉が僕を包みました。

このときの言葉が、その後「管理職になろう」という決断の後押しになったことは言うまでもありません。


当時を振り返ると、この頃の僕は「変えたくても、変えられないんですよね」「教育も全然変わらない」「みんな何もしない」と話す、愚痴ばかりの一教員でした。

その話を黙って聞いていた彼の放った一言。それが30歳だった僕に、初めてマネジメントとしての学校改革を意識させたのです。

気づけば、それから8年が経ったのですね。月日が流れるのは早いものです。

面接で経営陣にダメ出しのプレゼン

管理職推薦の話をいただいて気持ちが固まった僕は、校長公募試験を受けるために話を進めていきました。とはいえ、「まず受かることはないだろう」という気持ちでした。当時の僕は33歳。日本でそんな年齢の校長なんてほとんどいません。

大学院時代に、欧米の教育について少し学ぶ機会がありましたが、アメリカの校長は確か、平均が40代半ばで年齢制限もなかったと記憶しています。対して日本の校長は、50代半ばから60代がほとんどですよね。そんなことも知識としてあったので、「まあ、多様性を担保するために誘われたのかな」程度に捉えて、気軽に受けてみよう！　というのが正直なところでした。

実際、妻に公募の話をしたところ、「本当に？　あなたが校長？　へー」という、受かることを微塵も想定していないトーンでした。自分も含め、身内の誰も、僕が受かるなんて考えていなかったと思います。おかげで公募面接やディスカッションでは、自分が考える学校像と学校経営について、歯に衣着せず話すことができました。

学校の問題点については、かなりの時間を割いて話した記憶があります。主に経営の話でした。

「学校」といっても私立学校は経営をしなければなりません。まず経営が安定することが前提で、その中で私立学校独自の取り組みが実現できる。具体的には……という話ですね。

ですが、終わってから冷静に振り返りました。学校の経営陣の方々に対して、なんと失礼な人間だったのかと……面接会場を出てすぐに、「これはダメだな」と思いました。

その数日後、呑気に遊びに向かっていたディズニーランドの入り口で、メールに『内定決定』と見た瞬間、「えー！」と叫んだのは言うまでもありません。

ここから、本当に引き受けるかどうかを考え始めました。


実際、「受かるはずはない」と思っていたので、その後どうするかについて全く考えておらず、管理職に何が必要なのか、どんなポジションにつくのかさえ、全くわかっていませんでした。確認すると校長か副校長で採用したいとの返答でした。

今から思うと、何もわからないからこそやってみたい。そんな欲求があったのかもしれません。最終面接では、法人理事の方々に対して「今は33歳で〝未熟〟ですが、日本で最も多様な進路を描くことができる学校を創り、30年後もこの地に存在し続ける経営を行います」と話しました。

その後、校長としての着任が正式に伝達され、新たな船出が決まったのです。

勤めていた学校の同僚や上司に、自分の決断と新天地の話をすると、みんな飛び上がって喜んでくれました。

これまで僕を自由にさせていただき、手がけてきたさまざまなプロジェクトを応援してくれた人たちが大勢います。「多くの人に助けられてきた道のりが、今の僕をつくってくれたのだ」という感謝の念が改めて湧き上がりました。

校長に必要なのは、まず教育法規の理解

両親に自分がどんな子どもだったかを聞くと、「屁理屈ヤロー」という答えが返ってきました。なぜかというと、親の言うことに対して「でもさ～、法律ではさ～」と返すのが口癖だったからです。

今から思えば、なんと嫌味な子どもだったんだろうと思います（今ちょうど、6歳の息子がいるのですが、これまた自分に似てきていて、妻には「あなたに似ていて嫌だ」と言われています。とほほ……）。ですが、

学び続けるという僕の基礎は、この幼少期にあるような気がします。

良い風にいえば、クリティカルシンキングが大好きな子どもでした。ありがたいことに、両親はそんな僕を「良い意味で」放置してくれました。個性を認めてくれていたのか、呆れてモノも言えない状況だったのかは定かではありません。それでも、もし幼いときに自分であることを強制的に否定され、押さえつけられていたら、きっと今の僕はいないでしょう。

学校を改革する際も、この「疑問を持つ・考え抜く・学び続ける」という僕の個性は、良い方向に生きたように思います。

慌ただしく迎えた、２０１９年3月。

お世話になった前任校を退職した僕は、引き継ぎのため本校へ足を運ぶようになりました。引き継ぎ内容は多岐にわたり、自分はプレーヤーからマネジメントに転身したのだな……と少しずつ実感が湧いてくる中で、何より重要だと感じたのが教育法規の理解でした。

最近よく「校長職に一番必要な力は何か？」と聞かれることがあるのですが、その一つが教育法規の理解だとお話ししています。

教育法やその関連法が頭に入っていなかったら、学校改革なんておそらくできないでしょう。現場からすると当たり前の話なのですが、「学校」は本当に特殊な場所で、いろいろな法律に則って運営されています。さらに私学であれば、私立学校法などさまざまなルールが存在し、この部分に精通することは、校長職の前提スキルだと思います。

当然ながら、僕も教育法を徹底的に勉強することになりました。

社会科の教師だったこと、法律を学ぶことが大好きだったこと、何かをゼロから学ぶことにワクワクしてしまう性格が、ここでプラスに働きました（社会科って本当に重要だ！）。それでも、教育法がどのように運用されているのかは、始まってみないとわからないことが多く、後は実際にやりながら軌道修正していくしかありませんでした。

何かを変えるためには、まずは礎のルールを知ることが何より重要だと、改めて認識しました。

「変化を楽しい」と感じた原体験

「なぜ校長になったのですか？」

これは年齢の次によく聞かれる質問です。

正直なところ、「自分でもよくわからないんですよ」と言いたいのですが、もしかするとこれまで歩んできた人生の中に、答えがあるかもしれません。

１９８４年12月、大阪のおもちゃ卸問屋の長男に生まれた僕は、長男だった父親の長男、ということでたいそう可愛がられたそうです（跡取りができたぞーっという意味ですね）。

小さい頃は、「ここを継ぐんだぞ」と言われながら、よく会社や会社の倉庫に連れて行かれて、会社の様子を学ばされました。

当時はバブル真っ只中で、会社もイケイケドンドン。あらゆる方面に投資も行い、小売店も増やしていくような状況でした。関西ではそこそこ有名なおもちゃ関連総合商社です。

しかしその後、バブルがはじけて景気は悪化し、大量生産・大量消費モデルによる過剰な消費力によって支えられていた会社の経営はどんどん傾き、バブル崩壊によって跡形もなくなるのでした。

……と、祖父に聞かされてきましたが、本当にそうだったのかというとそうではありません。

日本はとっくにおもちゃが売れる時代ではなくなっていたのです。

１９７５年をピークとして特殊出生率は２・０を割り込み、人口減少のゾーンに日本は踏み込んでいきました。

おもちゃ業界の売り上げは、年々下がっていました。バブル崩壊によって経営が悪化したというよりも、間違いなく人口減少によるものだったと思います。

さらに、日本は規制緩和を行い、１９９０年代にやってきた外国おもちゃ産業は日本のおもちゃ業界（小売）にとって大打撃だったことでしょう。

アメリカからやってきたトイザらスなど超大型店舗の参入に対し、街のおもちゃ屋さんは、なす術がなかったのです。


現在、街の商店街がどんどん消えていく姿とよく似た状況です。大型商業施設によって商店街は壊滅し、その大型商業施設もアマゾンなどのネットによって淘汰されていく……というように。

家業を通して「業界イノベーション」が起こる瞬間を目撃した僕は、変化をどう捉えるかという嗅覚がこのときに備わったのかもしれません（何となく嫌な予感や、いけるかも？　という感覚知が、昔から強いタイプではありました）。


その中で、父親は祖父の会社を継ぐよりも、自分で会社を興す方向に進みました。僕の父親は一般的なサラリーマンではなく、起業しては転売し、起業しては……をずっとやっているスタートアッパーでした。当時では珍しかった起業屋です。

常に業種が違うので、友達同士で「自分の親は〇〇で働いている」という話が出ても、僕は父親が何をやっているかを説明することは、ほぼできませんでした。信じられないかもしれませんが、父親は当時小学校5年生だった僕に、「早急に資金がいる」とプレゼンをする人でした。シンプルに言うと「金を貸してくれ！」という話です。

僕は幼い頃から「お金は自己管理するもの」という指導をされていて、お年玉やお小遣いなどは全て自分で管理していました（確か小1からだったと思います）。父親は、僕が結構な額を持っていることを知っていたのでしょう。とにかく「貸してくれ」と言うのです。仕方なく、定期預金など全ての貯金を父に渡すと、その次の月に新しい事業を立ち上げたと自慢げに私に言ってくるような人でした。

また、問答を仕掛けてくる人でもありました。

「バレンタインデーの日におもちゃを売るにはどうしたらいいか？」

おもちゃ屋の息子なのだから、どうやったら売れるようになるのか考えるのは当然、と言わんばかりに、こういった問答が日常的に繰り広げられていました（クリスマスは最も儲かる！　と教えられた人間がカトリック校の校長を務めるのはなんという因果かと思います。ちなみに本校で毎年開催する、イエス・キリストの誕生を祝福する祈りの集い「クリスマスセアンス」は非常に素晴らしいものです）。

そんな父親の影響もあって、僕には「変化は常に楽しいものだ」というマインドが、色濃く出ているんじゃないかと思います（基本的に海外に遊びにいくときや旅行は、詳細は決めず予定を曖昧にしておきたい派です）。

高校生になってからは、一緒に会社を作ったりもしました。当時、財務諸表などの見方も全くわからなかったのですが、どのように経営を考えるのか、どんな事業が収益を上げるのか、多岐にわたる経営視点を教わりました。

このように少々破天荒な父親でしたが、そのおかげで柔軟な考え方や変化との向き合い方を学べたと思っています。

彼は本当に自由人なので、家族全員が振り回されましたが……とにかく僕の家はそういう家庭だったのです。

経営を考えない私立学校は倒れる

現在、全国の私立学校は、多かれ少なかれ危機に瀕しているのではないでしょうか。もしそう感じておられないのであれば、それはそれで素敵なことです。

しかし、少子化のとてつもないスピードは、やがて全国の私立学校を襲うでしょう。というより、それはもうすでに始まっていて、各地方で大きなインパクトを与えています。

人口ボーナス時代の学校は、経営を全く考えずとも成り立ちました。

公立学校であれば、合併してしまえば解決して、表面上はそれで乗り切れます（大阪府では公立高校をすでに16校統合しています）。

ですが、経営を考えてこなかった私立学校は、今後は生きてはいけない状況に陥っています。

「なぜ、校長になったのか？」という問いに真面目に答えると、「日本の教育の多様性を失わせたくなかった」という答えになります。

おそらく、これから経営破綻の私立学校がたくさん出てくるでしょう（その予兆かもしれませんが、学校再建の相談がたくさんあります）。日本私立学校振興・共済事業団（２０２１年度）の調査結果によると、６０８大学のうち１９１校で財務状況（事業活動収支差額比率）がマイナスになっています。そして40％を超える地方の中小大学の１４５校が赤字であります。

明らかに大学が多すぎるという議論はここではしませんが、選ばれる学校を創ることを我々は怠ってきたとも思っています。

多様性とは、さまざまなチャンネルを持つことであり、似通った学校を創ることではありません。生徒と保護者がさまざまな選択肢を持てるような学校を、どの法人も目指す必要があると考えています。

校長面談に呼ばれるほどの落ちこぼれ

僕は、全く〝勉強ができない子ども〟でした。

ある大阪の私立中高一貫校に、まぐれで合格してからというもの、中学1年生の初めからほとんど授業についていけず、ずっとクラスでは最下位。学力不足の生徒は、校長に直接面談をされるのですが、「もう恥ずかしいから行きたくない」と言う両親の代わりに、叔母が来るなんてこともありました。普通なら、自己肯定感下がりまくりの日々だったと思います。

でも当時の担任の先生は、保護者懇談でも勉強のことにはあまり触れず、日常での僕の良いところだけを話してくれました。

もしかしたらあまりにも勉強ができないので諦めていたのかもしれませんが、日常の評価軸を基に測る先生でした。学年主任の先生もそうでした。

それでも、僕が成績基準を大幅に下回っていることは、周知の事実でした。常に成績最下位だったため、私立中高一貫校にもかかわらず、もはや内部進学もできない状態に陥っていた僕は、早々に諦めて他校の受験勉強をしていました。

そんなある日、学年主任の先生に呼び出されたのです。

「お前は高校でやりたいことはあるのか」と聞かれました。

やっぱり他校へ行かないといけないのか。でも仕方がないな。全然勉強しなかったし、自分でも、それはわかっている。そんなことを思いながら、こう答えました。

「歴史が好きなので、歴史ばっかりやります」

言葉の通り、全く他の努力をする気がないことは明白でした（中学3年生の言葉です、お許しください）。

補足すると、好きな社会科だけは中学3年間、常にトップの成績でした。でも数学で0点をとったり、英語もからっきしでしたから、最下位は仕方ありませんね。それなのに、抜け抜けと歴史をやると言い切ったのです。

学年主任の先生は、笑ってこう言いました。

「勉強なんてできなくてもいい。君の〝人を大切にする性格〟を大事にしなさい」

このときの先生の言葉を、学校を離れる自分へのはなむけの言葉だと思い込んでいました。

それが内部高校への出願が許可されたと聞いたとき、言葉の真の意味を理解することができました。

当時、成績最下位の生徒が内部高校への出願を許されたのは、異例の決断だったと思います。なぜなら例年、数人が他校に移ってゆく姿を見ていたからです。おそらく、いろんな先生方が動いてくれたのでしょう。

このとき、人生が大きく変わった僕は有言実行あるのみ。高校生になってからは（社会科を中心に）思いっきり勉強しました。

中学３年生のときに身をもって受け取った、〝勉強ができることよりも大切なことがある〟という教えを忘れたことはありません。

今でも僕は本気でそう思っています。

「苦手な教科を頑張ります」と言わせない教育

誰よりも僕自身が超落ちこぼれだったので、勉学が苦手な生徒の気持ちがよくわかります。たまに生徒面談もするのですが、彼らは「苦手な教科を頑張ります」と言います。

その考え方も大切ですが、苦手はなかなか克服できませんし、全然楽しくもありません。

もちろん楽しくなくてもできる人はいるので、一概には言えませんが、もしできなくても変ではありません。ただ、昔を思い出してみても、中学３年生だった僕に、先生方は一生懸命に補習してくれたのですが、全然やる気も起きない。そしてできない。

当時は、本当に申し訳ない気持ちでいっぱいでした。

ですが、先生の雑談や人生ストーリーは大好きでした。今だからわかりますが、人の生き方、人生の選択に興味があったんでしょうね。だからこそはっきりと言えますが、人間ね、苦手なものは苦手です。苦手に向き合って10段階の1が、2や3になるかもしれませんが、7や8にはなりません。でも得意なもの・好きなものなら、ずっとやることができて、10段階で10を超えることもあります。

要は「得意を伸ばそう！」「好きを増やそう！」という話です。

僕は、唯一得意だった歴史で、その後の人生でご飯を食べることができました。人の生き方やあり方を研究しながら、現在は、大好きな人生の選択や生き方に関わるマネジメント職に従事しています。

自分自身の経験からも、苦手を伸ばすより、得意を伸ばす方が圧倒的に未来に繋がると考え、本校でも生徒の得意を伸ばすこと、好きを増やす企画を積極的に採用するようにしています。

その中に、2021年11月に開催した「ライトアップネバーズ」と

開催前の会議で受付や警備の段取りを確認する生徒たち

いう取り組みがあります。本校の校舎を背景に、万華鏡のように光を重ね合わせる光のアートをプロジェクトベースで行い、生徒自ら主催したイベントでした。

コロナによって不安や恐怖が蔓延する中、少しでも明るいイベントを作りたい。その想いで、生徒たちが半年かけて作り上げるのを見守りました。するとその過程の中で、自分の得意なことや好きなことを見い出す生徒たちが現れるようになりました。

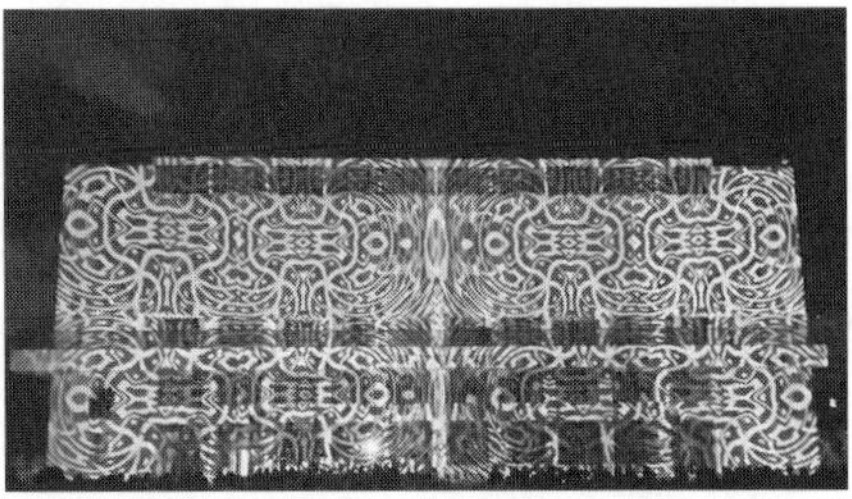
２年目を迎えた2022年「ライトアップネバーズ」の様子

学校って何でしょうか？

答えは一つではありませんが、僕は「自己に徹底的に向き合うためのツール」だと考えています。

僕自身これまで学んできた経験を生かし、生徒の可能性を広げる機会を学校としてどのような方法で提供できるのか。これは生徒、先生方と話しながら常に模索していく重要なテーマだと思っています。

就活の迷いを吹き飛ばした教育実習

先述した通り、少し風変わりな父親のいる家庭だったこともあって、幼い頃からやりたいこと、楽しいこと、ワクワクすることを優先して生きてきました。高校3年生の進路選択でも、自分のやりたいことを実現できる大学を選択しました。

結果、大学では古文書の修復や文化財、美術史など好きなことを徹底してやり抜くことができ、120％の満足度で卒業に向かうことができました。親は僕に経営学をやってほしそうでしたが、「やりたいことをやる！」という家訓に基づき、誰の思惑にも左右されずに進路を決めたのです。

これが人生において、最高の学びとなっただけでなく、いかに「学ぶことが人生を豊かにするか」を体験した、大切な財産となりました。

大学4年目の就職活動においては、何社かから内内定をいただくことができました。ですが、この頃から僕の中に「本当にこれでいいのか？」という迷いが生じるようになりました。就活をしたことのある人であれば、少なからず経験することではないでしょうか。

思えば、このときの自分には、人生のワクワク感がなかったんだろうと思います。

そんな時期に大きなターニングポイントになったのが、出身校での教育実習のインターンシップでした。その3週間で経験したのは、思いがけない楽しさとワクワクの連続でした。おかげでそれまで抱えていた全ての迷いが、見事に吹っ飛ばされてしまったんです。

「ここなら、自分自身の経験がすべて生かせる！」

もしかすると大いなる勘違いだったのかもしれませんが……（僕はいつも勘違いで動きます）。特にクラブ活動（バレーボール部）の恩師には、学生時代以上に目をかけていただきました。

彼の教育テーマは、「正直者がバカを見る社会を是正する」です。

思えば、中学時代からずーっとこの言葉を学生の僕たちに投げかけていました。

「俺は正直者がバカを見るのが嫌なんや」

僕が今でも覚えているということは、相当用いていた言葉なのでしょう。この言葉に、非常に大きな影響を受けました。

現代社会において、正直者がバカを見る機会はたくさんあるでしょう。加速し続ける資本主義の中で、弱者が強者に飲み込まれることは、ある種必然であるのも自明ではあります。ですが、経営者一家という身近にあった資本主義的思考、経済合理性思考の中にいたからこそ、こういった公正性を軸にしたピュアな教育界に憧れたのかもしれません。

僕を経済界から教育界へ引っこ抜いてくれただけでなく、今も好奇心と非合理性を失わないのは、まさに恩師のおかげです。

それまでの迷いが完全に吹っ切れた僕は、教育界の門を叩くべく大学院へ進学することを決意しました。

内内定が決まっていた会社の担当者に辞退の電話をしたところ、「なぜですか、理由を聞かせてください。大阪へ向かいます」と直接会いに来られました。すごい人事部の方ですよね。

何度も話し合いを重ね、最終的には理解していただき「今後も応援する」と言っていただきました。

その方とは今でも付き合いがあるのですが、現在は部長級まで出世されています。

彼はまさしく正直者で誠実です。

企業文化の中にも、正直者がバカを見ない社会はある。そのことを僕は知っています。

理論を徹底的に吸収した大学院時代

「教師になる」と決めた僕は、教育学を一から学ぶために大学院への進学を選択しました。もちろん、教育実習や教員免許を取得するための学びは終えていたのですが、学問として教育と向き合いたいという想いからの選択でした。

専攻は社会科教育学です。振り返ってみても僕にとって、大学院はとにかく刺激的な場所で、「社会科とは何をする科目なのか」という問いのもと、理論と実践、日本の教育の歴史を徹底的に学ぶことができました。

学習指導要領では、社会科の目標として公民的資質（市民的資質）の育成が掲げられ、現在もその目標に進んでいます。

この「公民的資質」とは、いったい何でしょうか。

2008年版『解説』によると、「国際社会に生きる平和で民主的な国家・社会の形成者、すなわち市民・国民として行動する上で必要とされる資質」とされています。

要するに社会科は、「民主主義の担い手としてどういう風に生きることができるか？」を考える教科なんです。そして騙されない国民を育成するという、批判的思考のど真ん中にある教科でもあります（本当はまだまだ語りたいのですが、キリがないのでここでやめておきます）。

とにかく「社会科」という科目を学んだ大学院の2年間は、どっぷりと理論の中にいました。それがまた最高で毎日が楽しく、学ぶことはなんでこんなに楽しいのだろうかと、何度思ったかわかりません。

もし、本書を読んでいる先生がおられたら、大学院に行くことをお勧めします。

理論と実践が混じり合う瞬間は、なんともいえない快感がありますね。

「お前が学校や」教師7日目の洗礼

卒業後に着任した高校は、一言でいうと「自由と責任」のある学校でした。とにかくルールが何一つ決まっていない……いや、一つだけありました。

「カンニングをしたら譴責《けんせき》(校長からの注意)」というものです。それ以外は、基本的に自分の頭で考えて決断するのです。

当時、他校の先生と話をする機会もありましたが、ルールらしいルールが取り立てて決まっていないと話すと、とても驚かれたことを今でも覚えています。僕は初任だったので、あまりピンと来ていませんでしたが、今思うと唯一無二の学校でした。

教師1年目の4月、僕は新入生のようなウキウキワクワクと緊張の中、初の担任業務に燃えていました。ところが、わずか一週間も経たずに、クラスのある生徒が問題を起こしたのです。通常の学校では、問題が発生した場合、生徒指導部などがその問題に対して、さまざまなアプローチから指導方法を考えると思います。

しかし、前任校では違いました。当時の学年主任からびっくりする言葉を聞いたのです。

「この生徒、どうするんや？　考えはあるか？」

そう聞かれて、僕の頭は真っ白になりました。

それなりに大きな問題だったので、てっきり生徒指導部が主導するものと思っていたからです。おそらくこのときの僕にとって、生徒の起こした問題そのものが、きっと自分ゴトではなかったんだと思います。

正直どうしたらいいのか、全くわかりませんでした。

池田「わかりません。どうしたらいいでしょうか？　生徒部長は何と？」

学年主任「…（無視）…担任として、どうしたいんや？」

池田「……処分内容は？　学校はどう判断するんです？」

学年主任「こいつに何を伝えたいんや？　それが処分の吟味や」

ほとんど会話が成り立たない流れのまま……沈黙。そして、こう言われました。

「学校って、お前が学校や」

学校って、お前が学校……何というパワーワードでしょうか。

僕の脳裏には、いまだにこの言葉が焼きついています。


通常、生徒指導の処分は、戒告（譴責）、有期無期停学（謹慎）、退学などがあり、それを生徒部が決め、最終的に校長が決裁し、本人に伝えられます。そのプロセスしか知らなかったので、生徒指導の処分原案を自分で決めるという手法に腰が抜けてしまいました。

この経験は、僕にとって〝通常の教師生活〟を一変させるものでした。

まず自分で考えること。自分自身で自分のクラスの生徒指導処分を決める学校であること。とてつもないプレッシャーとメタ認知を要求され、さらに自由と責任のオーナーシップを持って、今後もクラス運営を行う覚悟を必要とされました。

とにかく「思考すること」がとてつもなく必要な学校に、僕は勤めてしまったのです。

池田「僕は、停学一週間とします」
学年主任「よっしゃ。毎日来させるんやで。ずっと一緒にいなさい」
池田「来させるんですか？」

学年主任「もちろんや。ずっと話しせい」

なぜ生徒を処分するのか。

恥ずかしながら、当時の僕は考えたこともありませんでした。

学校における処分とは「罰則違反」なのか、「指導」なのか。

前任校は「指導」だと言い切っていました。指導なのに家にいる方が不健全である。なるほどです。

教育学で僕は何を学んできたのか。何度も自分を恥じた記憶があります。「教育とは一体何なのか」を1年目からこのような形で学ばせていただけたことに、今でも感謝しかありません。

本校の生徒指導も同じく対話をベースにしており、創立者のシスターがおっしゃった言葉をいまも大切にしています。

もし私が誤ったことがあるとしたら、厳しすぎたのではなく、甘すぎたことで罰せられたい

―マリー・クロチルド

なんという教育者でしょう。

本校は、私の原体験と相まって、時代に逆行しているようにも見えるこの概念を、今後も継承していきたいと考えています。

チャレンジをする人と見守る人

とにかく前任校では、何をするにも自分で決めることができました。
横並びで物事を決めることに慣れた人間からすると、理解できないことも多々あったでしょうが、僕自身若かったこともあって、全部自分で決められることが何よりも楽しかったです。本当に寛容な学校でした。

何をやっても止められるのは自分だけ。さまざまなチャレンジを試みた10年でした。
プロジェクトベースのマインドを得たのはこのときです。同時に、チャレンジするときに見守ってくれる人々の存在と価値を、身をもって理解できた時間でした。

「チャレンジしよう！」という言葉、よく聞きますよね。
一つ、質問させてください。皆さんは本当に誰かの「チャレンジ」を応援できますか？　例として、僕が行ったことをご紹介しましょう。

当時の僕はとても若く、教師になって初めての文化祭で、アート創作をすることになりました。それは庭園を作るというものでした。僕自身、作庭が好きだったこともあり、生徒たちがちょっと僕に寄せてくれたんだと思います。

例えば、保護者からトラックを借りて、生徒と一緒に竹を切りに行く。

今こういった行為は、学校として許されるのでしょうか。

実際に竹を京都まで切りに行くだけでなく、池を作るためにグラウンドを掘ったり……今となっては無茶なことだらけです。冷静に考えて、さまざまな学校管理職の皆さんであれば、僕のこういった行為を許すことは、非常に難しいでしょう。

もちろん、あらゆる問題があるのは承知しています。ですが幸運にも、僕はこれらを全部させてもらいました。

今となってみれば、当時の管理職の皆様には、本当にご迷惑をおかけしたと思っています。それでもこの頃は、この行為自体にも意味づけして、壮大なチャレンジを意識していました。そう、こんな勘違いヤローもいる中で、いかに寛容に挑戦を見届けることができるか？　という話です。

改めて問います。

皆さんは、「チャレンジ」を応援できますか？

挑戦を掲げることも煽ることも、思っている以上に簡単です。それよりも、本当に挑戦を最後まで見届ける気持ちがあるかどうか……日本中の管理職が向き合わないといけない現実でしょう。

僕は、「前任校が自分に与えてくれたのと同様の寛容さを持ちたい」と常々思っています。そして、教員自身がチャレンジできる環境をいかに作るか、それがマネジメントの使命だと思います。

「俺が責任を取る！」のリスク

校長になって、さまざまな上司の心得が書かれてある書物を読み漁りました。その中で、こんな言葉がよく用いられていました。

「俺が責任取るからどんどんやれ！」

これはすごくポジティブな言葉として用いられています。さて、ここでいう〝責任〟とは何でしょうか？　〝責任〟は大きく3つに分けられます。


「遂行責任」

「説明責任」

「賠償責任」

遂行責任は、言葉通り最後までやり遂げる責任です。

説明責任は、なぜそのような結果になったのか経緯や原因を説明する責任です。

賠償責任は、招いた事態に対して「何らかの処遇を受ける」という責任です。

責任を取るからどんどんやれ！　というのは、大別した３つの責任の中でいうと、「賠償責任」に聞こえてしまいます。

つまり、上司と部下の関係でいうと、一般的に「罰を受ける＝責任を取る」と受け取られることが多く、「責任を取る」と言うことによって、部下のオーナーシップを傷つけることになりかねません。

実践でやっていくとわかるのですが、管理職の心得として大切なことは、責任を一緒に全うすることです。部下の経験を安易に奪ってはならないのです。

管理職、上司の立場の人間が現場と共に遂行責任を果たせるかどうか。特にこれからの時代、組織に問われる大きなポイントだと思います。

「ちゃんと聴いてほしい」教師４年目の挫折

思えば、教師になりたての最初の３年は、完全に天狗になっていた時期でした。

自分にしかできない仕事、大学院で学んだ教育理論は非常に役に立ち、何をやってもうまくいっている感覚で実践していました（勘違い甚だしくてすみません）。

大きな壁にぶち当たったのは、学年をひと回りして突入した教師生活4年目、27歳になった頃のことです。

授業では、爆笑が欲しいときに爆笑がおき、静かにさせたいときにはそれができる。面談すれば、生徒は自己開示してくれる。勘違いの土壌に根を張った自己効力感は、とてつもなく高まっていました。

そんな「自信に満ちた教師」の僕は、一人の生徒と出会いました。その生徒は、ある問題を抱えていました。

僕は面談で、いつものようにエゴイスティックな面談をして、悩みを聞き出し、自分の正しいと思う意見をうまく伝えました。まずまずの〝正論〟でした。自分の振る舞いに満足感を感じていたとき、思わぬ言葉が返ってきたのです。

「……先生は話しやすいけれど、ちゃんと聴いてくれていないね」

予想しなかった言葉に、大きな衝撃が走りました。

さらに少しの沈黙の後、その生徒に「ちゃんと聴いてほしい」と懇願されたのです。

思ってもみなかった返答に、怒りとも悲しみともわからない、その場を逃げ出したくなるような、複雑な感情に全身を襲われました。

恥ずかしながら、「なぜ僕の話がわからないんだろう」「こんなこともわからないのか」と他責する自分がたくさん出てきて、僕は大いに動揺しました。

そのときのことを、当時の生徒は笑ってこう話してくれます。

「先生、真っ赤な顔で苦笑いだったよ。ひどい顔だった」

その日の夜、一通り他責を終えた僕は、自問自答し、自分を変える決断をしました。コーチングやカウンセリングを本格的に学び始めたのは、この頃です。

生徒やクライアントのために学んだとかそんな美談ではなく、これまた恥ずかしい話ですが、自分自身のセルフマネジメントのために学び始めたのです。ポンコツな自分を変えたい。そんな思いからでした。

そして、ここから多くのことが始まりました。

最終的には産業カウンセラーの資格を取得し、その関係で同業の先生の話を聞かせていただくようになりました。研究会を立ち上げて発表し、さまざまなイベントに登壇するようになり、そのおかげで同志ともいえる先生たちと出会うことができました。

若き日の苦い経験ではありましたが、これもまた僕の人生の道行きを支えてくれた重要な出来事だったと思います。

これまでの教師人生を振り返ってみれば、僕の先生はいつだって生徒たちでした。

人の話を聴く技術

教師の仕事の中で「面談」は日常的なものですが、どのように面談を進めると良いのかを学ぶ機会はあまりありません。

教員免許が取得できる大学での教員課程では、ぜひ面談法を指導してほしいと切に願います。もしかすると、教員養成以外でも必要になるものかもしれません。人の話を聴くためには、とにかくスキルがいるのですから。

生徒の指摘を受けた僕は、コーチング・カウンセリングのスクールに通い、とにかく基礎から学び始めました。「聴く」について、コーチングやカウンセリングには「傾聴」という言葉がよく使われます。

米国の心理学者カール・ロジャースは「積極的傾聴（Active Listening）」を提唱しました。ロジャースは、自身のカウンセリングの事例を数多く分析して、カウンセリングが有効だった事例に共通していた、聴く側の要素を導き出しました。

「共感的理解」「無条件の肯定的関心」「自己一致」の3つです。これらの人間尊重の態度に基づくカウンセリングを提唱しました。

「共感的理解」の傾聴とは、聴き手が相手の話を聴くときに、相手の立場になって相手の気持ちに共感しながら聴くことです。

「無条件の肯定的関心」を持った傾聴とは、相手の話の内容が、たとえ自分が受け入れられない（社会に反する）内容であっても、初めから否定することなく、なぜそのようなことを考えるようになったのか関心を持って聴くことです。

「自己一致」の傾聴とは、聴く側も自分の気持ちを大切にし、もし相手の話の内容にわからないところがあれば、そのままにせず聴きなおして内容を確かめ、相手に対しても自分に対しても真摯な態度で聴くことです。

前述の生徒が「ちゃんと聴いてくれない」と話すような状況は、いうなれば共感的理解もなければ、無条件の肯定的関心もなかったということです。

自己一致せず、ただただ僕が薄く感じとった話をもとに一般的な話をしたにすぎないという、ひどいものだったことがわかります。今更ながら、僕の事例は、おそらく質の悪いコンサルティングの面談だったのではないかと思います。

このときの僕は、わかりやすさと解決策に走り、「傾聴」できていませんでした。そう理解できたのは、かなり後のことでした。

相手の立場になって聴くことの難しさは、やったことがある人ならばわかると思います。人は、人の話を聴くときに、実にさまざまな〝判断〟が入ります。その判断をそっと脇に置くのが、とにかくめちゃくちゃ難しいのです。個人的に特に苦手な分野でした。

この技術を習得するために先述した通り、僕は産業カウンセラーの資格の勉強を始め、取得後は産業カウンセラーとして教員の仕事の後に、カウンセリングも行うようになったのです。中でも、ある小学校の教頭先生のカウンセリングは、管理職の悩みを受け止めるかけがえのない経験になりました。

聴いてもらえれば、人は前を向く

話を聴いてもらうことで、人は救われることがあります。ご本人の了承を得て、実際の僕の体験を紹介します。

クライアントは、ある小学校の教頭A先生。

ストレスフルな状態が限界値を超えていました。さまざまなカウンセラーに聴いてもらったものの、うまく自分の言いたいことが専門業ゆえに伝わらないとフラストレーションが高まっていました。

そんな中、同じ教師業をしているからと紹介された縁で、担当させてもらうことになりました。

最初からA先生とは、相性は良かったように思います。ですが、本人のメンタルはボロボロ。「もう辞めようかと迷っている」という状態を口にしていました。１回目２回目は、とにかくマシンガンのように現状を話すような状態でした。

そして３回目。その面談内容を簡単に紹介します。

A先生「池田先生、もう学校辞めますわ」

池　田「そうですか、辞めたいのですね」

A先生「辞めないと無理です」

池　田「辞めないと無理なんですね」

A先生「だってそう思いませんか。ボロボロですよ。先生はどう思います？」

池　田「あー、僕の意見を聞きたいのですね」

A先生「はい、聞きたいです！」
池　田「すごく子どもが好きな先生だと思います。前回、前々回、児童の話をするときの目がキラキラしていました」
A先生「子どもたち、大好きです！」
池　田「……教師は嫌いなんですか？」
A先生「教師は……教師も好きです」
池　田「教師、僕も好きです」
A先生「うん。そうですよね。……（教師に）戻りたいです」
池　田「戻れないのでしょうか」
A先生「……戻れない……いや戻れるかもしれません」
池　田「戻れるのですね」
A先生「なんというか……戻りたい気持ちです」

簡略化していますが、1時間のカウンセリング内のA先生とのやりとりです。彼は紳士で、とても責任感の強い教頭先生でした。僕は取り立てて意見は言わず、聴くことに徹しました。いわばA先生と一緒にいるだけです。その後、何度かカウンセリングを行う中で、A先生は希望降格制度を利用して教諭に戻られ、定年まで教師を続けました。

彼が定年の年に一度お会いできましたが、全くの別人になっていてびっくりしました。ゴルフで焼けた肌にギラギラした目。本来のA先生はこうだったのか、と思わず目を見張った瞬間でした。繰り返しますが、僕はとりたてて何もしていません。ただ話を聴いただけでした。でも先生は前を向いていました。素敵な笑顔でした。

例としてA先生の話をしましたが、生徒たちも同じです。大人たちに聴いてほしいことがたくさんあるのです。

傾聴できるかどうか。聴く側として、相手のあり方を理解し、寄り添えるかどうか。

カウンセラーのみならず、教師もまた、聴くスキルを最大限に生かせる職業であることは間違いありません。

第2章

学校改革って、どうやってするの？

生き抜くために学んだ真田家の戦略

香里ヌヴェール学院中学校・高等学校は、大阪・北河内《きたかわち》地域の寝屋川市にあります。

古墳時代の史跡が点在する北河内は、日本書紀に登場するくらい古来の歴史をもつ土地です。所在地の寝屋川市をはじめ、枚方市など中核都市が周辺に存在する100万人エリアに6つの私立学校があり、本校以外は大学を持つ大きな法人です。つまり資本においては、本校が最も弱小という状況なのです。

この立地で生き残るためにどうすればいいのか……。寝る間も惜しんで考えていたあるとき、ハッとしました。

もしこれが戦国時代なら、本校はまさに〝真田〟のような状況ではないのか？　と。

2016年に大ヒットした、NHKの大河ドラマ「真田丸」。記憶に新しい方もいらっしゃるのではないでしょうか。

真田家についての詳しいストーリーは割愛しますが、戦国時代、大大名の上杉家と武田家に挟まれた小さな大名（国衆）があらゆる決断を行いながら生き抜いていく、非常に面白いストーリーを持つ一族です。

思い返せば歴史教師として教壇に立っていたときから、「なぜ歴史を学ぶの？」という質問を生徒から数え切れないくらい受けてきました。

今では歴史から想像以上に多くのことを学べることを、僕は身を持って知っています。でも当時は、「過去の歴史を学ぶことで、未来に活かすことができるんだよ」などと言っていました。

そんなありきたりの答えを堂々と言えたのは、「僕は歴史の教師で、昔から歴史が好きで、その教養が人生を豊かにするんだ」くらいまでは考えていたからだと思います。

ですが、実際に僕がそこまで歴史を活用できていたのかといえば、どうでしょう。そこまで明確に意識したことはなく、いうほど歴史の存在に頼った記憶もありませんでした。

ですが今、同じことを聞かれたら、

「リーダーとして答えのない問いと向き合うときには、過去の歴史からの知恵を活用する以外に道はない！」

と、答えます。

なぜなら、当校がまさに真田家の状況だと理解したことをきっかけに、自分なりに戦国の真田家の生き抜き方を研究してきたからです。大学付属系中高がひしめく地域の中で、大学を持たない本校がどう生き抜くか。そのヒントになったのが、真田家独自の戦略でした。

特に「これは再現できる！」と思ったのは、アンテナの高さと即時決断力です。真田でいうアンテナ、情報感度の高さは、例えば織田に勢いがあると判断すれば、いち早く近づいてライバル勢を出し抜く初速の速さ。常に誰がどういう状況なのか、情報収集のもとに客観的に分析し、即時実行可能な選択を導き出すことで、何度も窮地を脱したのです。

そこで僕は考えました。

大学付属系の学校は、一般的に意思決定は法人が行います。ということはつまり、若干の決断が遅くなる傾向があるだろうと思ったのです。もちろんそうではない学校もあるとは思いますが、少なくとも法人が大きい分、合意形成には多少時間がかかるはずです。

対して、本校の意思決定は単純です。僕が決断すればいいのですから。小規模校の強みは意思決定の速さにあり、その強みを最大限に生かすべきだと思いました。その一つが海外進学の開拓であり、最初の1年で13大学との提携が実現できたのは、この強みたる所以です。

長年海外進学の研究をしていた僕にとっては、本校着任後にすぐ取り組めたことでしたが、これがもし大学付属系の学校だったら、海外の大学と連携協定を突然結ぶのは、かなり難しかったと思います。

経営上、同法人内に大学があるなら、内部進学をしてほしいはず……もし僕が大学付属系法人の大学側であれば、おそらく他の大学との協定締結に猛反発するだろうと思います。

第4章でも触れますが、コロナ禍においては実にさまざまな意思決定に迫られました。中でもオンライン授業や行事実施有無の決断は、その多くが時間との勝負になりました。即断できる小規模校の采配はある意味、コロナ禍で強みとして表面化したと思っています。

というわけで、着任してからの僕は、真田にまつわる歴史書物を読み漁り、戦術を学び、それらを生かして生き延び、現在に至ります。

真田昌幸、ありがとう。

僕の意思決定には、あなたが常にいます。

着任前に波乱の予感

２０１９年3月。水面下で本校の引き継ぎ準備をしているときのことです。

「話をしたい」と英語科の先生からご連絡いただきました。

もちろん二つ返事でお会いさせていただいたのですが、なんとそこで始まった話というのが、「英語科が崩壊寸前である」という涙ながらの訴えだったのです。

このときの驚きは、言葉では到底言い尽くせません。

（一体、この学校で何が起こっているんだろう？）

なんとか心を鎮め、先生の話を聞いているうちに見えてきた要因の一つが、英語民間試験及び四技能への移行でした。

当時は「英語教育を見直そう！」を合言葉に英語教育系学会や草の根研究会などさまざまな団体が、英語四技能に群がっている状態だったと記憶しています。聞けば、本校でも２０１７年度から改革方針に伴う抜本的見直しを図ってきたとのこと。

もともと女子校だった本校は、２０１７年から共学化し、新しい価値観の学校教育を目指したブランディングを進めていました。

僕が着任した２０１９年４月は、それまでに行われてきた多くの改革によって、先生方の労働状況がかなり悪化した状態だったのです。

英語教育、ＩＣＴなどの改革も狼煙《のろし》を上げ、その凄まじいスピードで進む変革に教職員がついていいけない中、特に英語科はその本丸でした。話を聞く限り、先生を含めた当時の教育現場は、いきなり大きなヴィジョン変更を迫られ、大混乱になっていたようでした。

当然ながら、急激な変革には重篤な副反応があります。

それまでの授業を全て変えるわけですから、業務量は膨大なものとなり、先生たちはみんなパンクしたのでしょう。

これは本校だけの話ではなかったのかもしれません。当時は日本中が、英語改革を叫んだ時期でした。

とにかく英語四技能政策によって、今までの英語教育を抜本的に見直すように言われ、国家主導の運動ともいうべき扇動力でした（英語四技能については、次章で深く言及します）。

とにかく、本校における英語科の疲弊は、目に見えて良くない状態でした。例えるなら、先生方は必死に、改革のスピードに振り落とされまいとしがみついていましたが、腕はもうパンパンで諦めかけているようなイメージ。これは早急になんとかしないと、多大な犠牲が出てしまう！

勇気を出して現場の状況を話してくれた先生には、着任したら必ずみんなの業務量を下げる取り組みを行うことを約束し、校長に着任する４月まで待っていただくようお願いしました。

このとき、後に嵐のような日々が待っているとは、思いもしませんでした。

学校改革の光と闇

改革の話となると、とかく派手な部分ばかりが強調される傾向がありますが、実際の現場で何が起こっているのかについては、なかなか明らかにされません。

歴史学でもそうですが、歴史の教科書に民衆はほとんど出てきませんよね（最近は頑張って記載しようとしています）。

当時の人はどんなことを考えていたのか？　どんな変革だったのか？　現場はどうだったのか？

あまり語られないことではありますが、パワープレイの改革が何を引き起こすのか、僕の実際の体験を元にお話しします。

こういった話は、派手なインパクトを求める改革者には受け入れ難い側面かもしれませんが、多くの改革の裏には、泥臭い事実があることを理解していただければと思います。

２０１９年４月１日、校長の辞令を受け取った初日。

夜には新年度の教職員懇親会が催されると聞いていました。身が引き締まる思いと共に、多くの先生方と話せることが楽しみで、前日はあまり眠れませんでした。若干の寝不足気味で、午前中の辞令交付式に臨んだ後、引き継ぎ事項を確認しているときです。校長室にB先生が訪ねてこられました。

B先生「校長先生、着任早々に申し訳ありません」

池　田「先生、どうされましたか？」

B先生「辞めさせていただきたいのです」

池　田「えっ」

B先生は優しい人柄で愛校心があり、生徒はもちろん先生方からも愛されている方だと聞いていました。

池　田「何かあったんですか？」

B先生「実は……」

そうして聞かせていただいたB先生の話は、この数年で起こった学校改革に始まり、新人時代の話、学校の思い出まで多岐にわたりました。

詳細は控えますが、はっきりと言えるのは、この日の話はそれまでの改革で負った、現場の先生方の痛みそのものだったということです。

これが表立って語られることのない〝学校改革の歪み〟の紛れもない事実なのだ。僕はそう認識しました。

それは管理職として「何を大切にしなければならないか」を、目の前で突きつけられた瞬間でもありました。

「この先生を辞めさせてはダメだ」と、私の直感が告げました。

池　田「先生のお気持ちを理解いたしました。それでも〝未熟〟な私に力を貸してくださいませんか」

B先生「もう無理なんです」

（中略）

池　田「（沈黙）……先生、授業はお好きですか？」

B先生「……授業大好きです」

このようなやりとりの末、なんとか大好きな授業だけを行う形（非常勤講師）として在籍していただけることになりました。おかげで、僕はこの学校の良い部分を直接聞ける、貴重なチャンスをいただきました。

というのも、その後B先生は、僕にとって本校の歴史の先生となり、実にさまざまなことを教えていただくようになったのです。

人を煽る改革は必ず失敗する

人は、新しい物事に対して不安や恐怖を抱くものです。

避けては通れないこの反応を熟知した改革者たちは、新しい物事を進める際に、より一層の恐怖（大学入試が変わる等）、またはインセンティブのある物事（英語ができたほうが収入が良くなる等）を見せながら、煽り気味で新しい物事に向き合うよう要求するものなのです。

２０１７年から本校が進めてきた改革は、まさしくこの典型だったといえます。当時のリーダーは、もしかすると、なんとか理想の教育に近づけたい一心だったのかもしれません。英語改革はその中心でした。ただ、結果として先生方は疲弊し、持続可能なものにはなりませんでした。

僕の結論は、「不安や恐怖だけで人は変わらないし、変えられない」です。

この、不安や恐怖で変えようとする力、「煽り力」とでも呼びたくなるこの力は、さまざまなところで多用されています。

例えば、遅刻した生徒に怒鳴ったり、部活動の指導でも怒りを用いたりする先生は、日本の教育現場にまだまだ存在するでしょう。僕自身も教員になりたての頃は多用していました。

なぜその力を借りたのかというと、おそらく自信がなかったんだと思います。教師と生徒が向き合うとき、一定の技術がないとフラットにはなれません。

技術がなかった僕は、生徒との関係性をもとに、怒鳴る手法を用いて指導していたのだと気づかされました。つまり、僕の指導力不足だったのです。

本校の改革も「煽り力」を用いていたので、先生方はさぞ辛かっただろうと想像します。

もう二度とその力は使わずに、前に進むと僕は決めています。

いま叫ばれているさまざまな学校改革の中には、社会情勢も含めて絶対に必要なものがあります。しかし、改革によって苦しむ人もいるということを、改革を先導する者は理解しておかなくてはいけません。

改革に血が流れるのは､歴史的に見て必然です。ただ､その血だらけになって戦った人をどうサポートするか、その思いに共感し寄り添えるか。これもまた、改革を行う者の使命だと思います。

僕たちは、改革する者としての責任を常に負いながら、全員で臨めるよう努力し、前を向きながら進まなければなりません。この瞬間にも、日本中に改革を進めようとしている同志の先生たちが大勢いることでしょう。僕としてもぜひ成し遂げてもらいたい。より良い日本を創るために、共に進んでいきたい。そう思っています。

着任初日、先生たちの夜の懇親会に到着したのは、結局21時でした。おひらきの挨拶には間に合ったのですが、大変ご迷惑をおかけしました。来て早々、いきなりやってしまった感はありましたが、これはこれとして、いろんな先生と個別に飲みに行こう！　と改めて決意した夜でした。

全てのアイデアを白紙に戻した夜

校長になると決めた日から、密かに自分なりの学校改革案を延々と練ってきました。それこそ寝ている間も、絶えず考えているような状態でした。どのような方針を出すか、どんな取り組みをするか、どう学校をリブランディングするか、先生たちとどう向き合うか。

ですが、着任初日の夜、家に帰った僕は「今まで考えてきた改革案は、いったん全部やめよう」と決めました。

「本校の本質を見つけるんだ」

僕はそれまで書き溜めてきた改革構想のペーパーを、パソコン内のゴミ箱に入れました。それまでのヴィジョンを完全に白紙に戻したのです。

そして本校の成り立ちや歴史、どんな考え方で運営し、最終的になぜ経営が悪化したのかを解き明かすことから始めました。


今でもこの決断は、着任からのキャリアで最もクリティカルな選択だったと思います。

もし、あのまま自分の考えを押しつけていたら、疲弊した先生方は、誰も僕の考えを理解しようとはしないまま、僕自身も改革を諦めて途中で退職していたことでしょう（そんな人が結構います）。

こうやって現在も学校を改革する状況にいられるのは、僕のヴィジョンが凄かったわけでも、コンテンツが良かったわけでもなく、本質を見つけようとしたからに他なりません。

それが結果として、その後の凄まじい勢いの改革に繋がったのだと確信しています。

場所に、歴史に、人に、敬意を払い、耳を澄ます。

それが僕なりの改革への第一歩でした。

「品定めされる校長」として何をすべきか

まずは、自分をメタ認知するよう徹底的に心がけました。

自分自身が逆の立場、つまり先生側にいたとしたら、新たに入ってきた校長はどんな考えを持っているのか、きっと品定めをするだろうと思ったからです。僕だったら少しでも変な行動や思想があったら、絶対についていかないでしょうね。

だからこそ、厳し目に自分を見積もりながら、自分自身がどんな存在に見えるのか、常に想像しながら行動しました。

後日、ある先生からこんな言葉をもらいました。

「この校長が私たちのことをわかってくれる人かどうか、ずっと見てました」

当時、疲弊し切った先生方は、最後の望みに近い形で僕を見ていたんだろうと思います。

社会には、いろんな業種・部署のリーダーがいます。全くやったことのない業務の責任者をやることになった人もいるでしょう。僕にとってそれが、校長という職でした。経験したことのない業務の責任者という立場になったとき、どのように振る舞うことが、全体によりよい影響をもたらすのか。

この問いに正解はありませんが、リーダーは常にその振る舞い方で、さまざまな表現をすることができる（あるいは表現させられる）ので、見られている意識がかなり必要なことは確かです。

ここがプレーヤーと大きく違うところでもあり、本当に悩むところです。僕の結論は、自分のやりたい改革や方針を全て捨てて、先生たちの役に立てることを探す。そして、ＳＯＳを受け止める。

それらを当面の「僕の仕事」と考えたゆえの指針でした。

とにかく話す・話す・話す

この学校に何が起こっているかを知るために、先生たちと多くの対話をしました。現状を理解する上で必要だったのですが、僕自身を知ってほしいという想いもありました。いや、自分がどんな人間かを理解してもらうことこそ、最重要課題だったのかもしれません。とにかく、話をする。どんな雑談でもいい、内容を問わずたくさん話しました。

すると意外なことに、それまで積み重ねてきた人生の無駄な活動が、驚くほど生きたのです。

例えば、美術が好きな先生とはモネの話で盛り上がり、野球が好きな先生とは野球で、音楽が好きな先生とは音楽で繋がり、ゲーム好きな先生とはゲーム話となり、バレーボールが好きな先生とはバレー談義に。

ゴルフが好きな先生とはゴルフに行き、麻雀を一緒に打ったり、飲み会があれば進んで飲みに行く。寿司好きの先生とは、何度も難波の寿司屋に行きました。

僕は何でもかんでも(無駄に)やったことがあるんです。まさに好都合でした。

こう見えても、音楽ではクラシックからレゲエまでいけますし、大学時代は美術史を専攻していましたから、美術や文化財にも人並みの理解はある方です。

野球は、リトルリーグチームで恐怖の７番セカンドでした。高校時代のバレーボールでは、ちびっこリベロ（守備を専門とする選手）として南大阪で暴れていました。

好きなことが無駄に多いということが、これほど役に立つとは思ってもみませんでした。


ほとんどが下手の横好きですが、人との共有は、同じものが好き同士というのが一番わかり合えるのです。一つのことを、とてつもなくできる人もいれば、多くをほどほどにできる人もいます。どんな人でも、社会で役立つものです。もしあなたが器用貧乏だったなら、もしかするとマネジメント向きなのかも知れません。なぜなら、それは多くの人と話すときに、まさに生きてくる素養になるからです。

僕は対話を通して、先生たちとお互いを知り合いながら、何が役に立つのかを知り、何に困っているのかを聞く時間を積極的に作っていきました。

ゼロから信頼関係を1ミリずつ積み重ねていき、先生たちによる「校長の品定め」が終わったのは、僕の肌感覚でいうと2学期以降だったと思います。

見直された行事をもう一度見直す

先生たちとの話の中で、それまで行ってきたさまざまな行事が、学校改革の一環として廃止されたことを知りました。中には、先生たちにすれば重要だと認識していた行事も含まれていたとも聞きました。

前任の改革者は、学校のリブランディングとして、行事の見直しと廃止を行ったのでしょう。行事を見直すこと自体、なんら問題はありません。むしろ今の時代に合ったやり方をする方が、生徒たちにとって良い影響を与えるものもあります。しかし、伝統とはそんな簡単なものではありません。

敢えていうなら、これは非常にエモーショナルな問題だと思います。

学校行事とは先生たちにとって、お世話になった先輩たちやそれまで面倒をみてきた生徒たちの頑張りといった「想い」がたくさん詰まった贈り物だからです。

「この行事は、誰々先生が一生懸命に根回しをして、実現したもので……なくすことを知ったら悲しむんじゃないでしょうか?」

「これは当時の生徒が始めた取り組みで、今では全員参加でやっています。なくすとＯＢＯＧから反発があるのではないでしょうか？」

知っている者からすれば、そんな風に言いたくなる思い出や物語があるものです。さまざまな書籍でも言及されている、カリキュラムマネジメントの学校行事の部分には、こんなことが記載されていました。

「学校教育目標と照らし合わせ、その行事で育成する資質・能力は何か、そのためにどのような活動にし、何を準備すべきかを考えて、再編・縮小・廃止を図っていきます」

おっしゃる通りです。そうなんです。

でもね、現場はもっともっとエモーショナルなんですよ。

こういった学者さんの考えもよく理解できますが、同時に改革したことのない人の言葉にも思えるのです。

もし「いや、そのような考えが普通だ」とおっしゃる方がおられるなら、なぜ全国の学校で、この文言のように行事の再編・縮小・廃止が着々と進んでいないのかを考えていただきたいのです。

実際の学校の現場というものは、想像以上に人間的であり、ノスタルジックなものです。理屈だけでは進みません。その上で、現場で学校行事を見直す方法として「根本を辿れ！」とよく言っています。

僕が改革を行うときには、原点となった創作者に直接お伺いします。この方法は取り立てて難しくはなく、どの学校でも比較的可能かと思います。

本校の新しいヴィジョン作りにあたっては、まず建学の精神について理解するために元校長先生を訪ねました。

当時はシスターの方々が校長になられていたとのことで、以前校長だったシスターの方を訪ねて話を聞く機会をいただきました。

本校の建学の精神は誰が作ったのか、校訓の意味は何か、本来は何と言っていたのか、何を大切に教育してきたのか。それらを理解するために、どうしても欠かせないプロセスでした。

この根幹を外してしまうと、上滑りな教育改革になってしまうからです。

数々のシスターの方にさまざまな話を聞きましたが、その中には戦中の学校の様子や、当時の理念、本校の土台が数多く含まれていました。それらの貴重な話のおかげで、知られざる新たな柱がゆっくりと見えてきました。

本校には建学の精神とは別に、ある理念があったのです。

それが「平和の天使を育成する」という文言でした。

平和を愛する子ども、そして平和の天使となって、社会に貢献すること。それがシスターたちのこだわっていた、創立以来の理念でした。

この理念は、現代にも通じる言葉であると僕は思っています。ならば、この理念に基づいてさまざまな取り組みを修正し、行事を見直していくことこそ、本校に必要なことだと理解しました。この文言は本校が育んできた理念として、学院パンフレットにも記載しています。

どんな学校においても、もし改革をしようと考えるのなら、根本の理念を掘り起こすことが肝心です。

どんな改革も、その学校の根本理念に基づく柱に沿って吟味しなければ、現場の先生方がついていきたいと思う改革推進は、困難になるのではないでしょうか。

もし、誰もついてこなくていいと考えるリーダーであれば、それでいいと思いますが……。

実際、改革とは誰がするものなのでしょうね。

ブラック校則を変えた中学校の話

最近話題のブラック校則ですが、根本を辿ることで解決することがあります。

ある中学校に研修講師として呼ばれたときに、どのように改革を進めるかという話をして、実際にうまくいった例なのでご紹介します。

その中学校は、源流を当たることに成功したケースでした。

まず「学校を良くしたい、改革したい」という校長の想いがあり、話をしてくれ、ということから始まった話です。「では、校長先生！　一つ、この研修で学校のルールを変えましょう」と提案すると、「よし、そうしよう」となりました。

学校という組織は、文科省の大きな方向性はあれど、ある程度は校長に裁量があります。それでもなぜ、簡単に変えることができないのでしょうか。〝伝統〟という一見普遍的に見えるものが、校長を縛るからです。

この縛りから自由になるためには、そもそもの源流を辿らないといけません。

まずは事前研修で、「校則で気になるものを一つ挙げ、それを作られた方にインタビューをする」という課題を出しました。

年月も経っており、なかなか難しそうに思えましたが、幸運なことに校長先生が、学校の生き字引のような先生とお知り合いでした。

最終的に、元校長先生をお呼びして、話を聞くことができたのです。

そしてついに、「下着類は白に統一する」という校則を作った人を探し当てました。

元　先　生「当時、ヤンチャな生徒らが、色のついたシャツに学ランを着おってな、みっともないという周辺住民のクレームも多かった。だから統一したんじゃ」
現役先生「……え？　下着は関係ないんですか？」
元　先　生「どう校則に書くか、揉めて全てひっくるめて下着類にしたんじゃ」
現役先生「なんじゃそれ！　当時、別に下着が白じゃないとダメではなかった？」
元　先　生「それは誰かが勝手に解釈してそうなったんだろう。わしの時代は知らぬ」

これが事の顛末です。

歴史的背景が明らかになったその日、校長先生はその校則を規定から消すことを決めました。そりゃそうですよね。もともとは、ヤンキー対策の校則だったわけです。その影も形もない、現在の学校にはいらないものですからね。

皆さんは、今の校則を作った方をご存知ですか？　本当にその運用で合っているのでしょうか？

「根本を辿る」ことは、存在の意味を改めて問い直すこと。ひいては、起きている不調和を調和に戻すきっかけになる場合もあるのです。

改革するとき、何かを変えたいとき、強くお勧めします。

労働観の違いと現実のズレ

2016年に行われた小中学校教員の勤務実態調査で、小学校で3割、中学校では6割の教諭が、過労死ラインとされる月80時間超の残業をしていたことがわかり、文科省は2019年から残業の抑制に努めるよう各学校に通知を出し始めました。

昨今、教師の労働時間が社会問題化しているのは周知の事実です。

僕が校長になって、1年目の夏を過ぎたあたりだったでしょうか。夕方以降になると感じる、ある違和感の正体に気づきました。

「それほど先生方が残業していない?」

前任校を含めさまざまな学校を見てきた中で、これほど多くの先生が早く帰る学校を知りませんでした。いや、当たり前のことで素晴らしいことですよね。そう、本校ではそれが至極当たり前だったのです。

このことから、日本の教員の労働問題を解決する鍵が、本校にあるのではないか? という考えに至りました。

なぜ、このような労働観を持ち合わせていたのでしょうか。

そこで問題です。

50：50（フィフティ：フィフティ）

この数字はなんだと思いますか？

答えは「**本校職員の男女比**」です。

正確には男性45：女性55くらいの比率で、実に女性が多い職場です。もともと女子校だった本校は、当然ながら女性職員の方が多い労働環境でした。働きながら、家に帰っての家事や家族との営みが当たり前という先生が多い中で、「極力残業をしない」という労働観が生み出されていたわけです。また、本校はカトリックミッションスクールでミサの関係上、日曜日に部活動などを行うこともあまり推奨されていませんでした。

私立学校では経営的な問題になるかもしれませんが、労働者的視点でいうと本当に当たり前のことですよね。

僕はというと、部活動まみれの人間で土日も部活。夏休みも部活と合宿が当たり前という、自ら進んで時間を投入する教師でした（本当に家族はたまったもんじゃないですよね）。

知識として知っていたとはいえ、こういった労働観が教師を忌避してしまう原因になるのだと、本校に来て改めて理解することができました。

創部4年でJリーガーを輩出したサッカー部

現在、学校の教師は、若者に非常に不人気な仕事の一つです。どれくらい不人気かというとツイッターで教師の仕事の問題についてハッシュタグが作られて社会問題になってしまったくらいです。

2021年3月に文科省が作成したツイッターのハッシュタグで、「学校の先生になる魅力」について語ってほしいと教師に呼びかけたものでしたが、みんなから返ってきたのは過酷な労働実態についての悲鳴でした。僕がツイッターを見たときには、20万件以上の投稿でした。

またOECD（経済協力開発機構）の2018年調査では、48ヵ国の中学校と15ヵ国の小学校を対象とし、日本の教員の1週間当たりの労働時間が最長であったという報告が話題となりました。

2017年に教師の労働問題を研究する妹尾昌俊氏が、1週間当たり60時間以上勤務している教員は小学校教員の57・8％、中学校教員の74・2％に当たるとの研究結果を公開しています。（出典：文部科学省 学校における働き方改革特別部会（第1回） 配付資料 資料4-4 子どもたちも、教職員も元気な学校づくりに向けた提案 https://www.mext.go.jp/b_menu/shingi/chukyo/chukyo3/079/siryo/1388265.htm）

　このようなデータを基にした情報が社会認知を得て、教師＝ブラックのイメージが定着し、最近の公立教員の採用倍率が著しく低下している状況は、生徒とその保護者の皆さんにとっても、人ごとではありませんね。

　新潟県の２０１９年度小学校教諭の合格発表を見ると、当時の倍率が１・２倍を叩き出し、全国最小を記録するという状況でした。要は、ほとんどが合格するのです。これは全国的に発生している現象でもあります。

「より良い労働環境をいかに作り出すか」は、どの学校でも課題となっていますが、対策としてできることは、管理職から「早く帰ろう運動」を行うことがせいぜいだという声も聞こえてきます。

　僕を含む学校経営に携わる人間であれば、こういった社会問題と向き合うことができます。

　確かに、民間企業のような資本を持ち合わせない学校組織にとって、金銭的な手法を用いる対処は難しいでしょう（公立において残業代は教職調整額基本給の４％です）。

　このような働かせ放題のシステムを変えるには、男女比率を変更しながら、「教師も労働者であり、家庭を持ち合わせた家族人である」という社会認知を高めていく必要があります。

　そのためにもいずれは、部活動などは地域に移行しながら、部活動が好きな先生は地域クラブでの指導にスライドする。教師は教師業をしっかりと行い、家族との時間が十分取れる職業として確立することが必要になるのではないかと思います。

その一歩として、これからの部活動は教員が全部やるのではなく、地域と連動しながらより専門性を高めていくシステムが必要だと考えています。

ご存知の方もいるかもしれませんが、本校のサッカー部は教員が指導していません。現在、プロのJリーガーが教えるとどうなるのか、という試みをしており、校長着任以来、地道に取り組んできた部活動改革の一つです。

日本の学校が目指すべき部活の運営とはなにか。

その事例を携えて、オピニオンリーダーになるべくスタートしたクラブとして、これからの教育界に一石を投じるテーマになると思っています。

2020年秋には、本校生徒からJリーガーが誕生し、2022年には創部5年でサッカーのインターハイ(総体)大阪ベスト16という目標を達成することができました。

外部コーチとゼロベースからの連携は、最初こそ苦労しましたが、本校教員顧問と作り上げていった数々の取り組みがうまく回りだし、結果が出るようになりました。

「外部コーチなんて結果が出ないよ」と言われたりもしましたが、それも幻想でした。日本の先生た

2022年5月サッカーのインターハイ（総体）大阪予選16強に進出した香里ヌヴェール学院サッカー部

ちは選択しなければなりません。

中には、部活動がやりたくて教師になった方もいるかもしれません。ですがもう一度、教師としてのモチベーションを眺めてみてください。そこには部活への情熱だけでなく、「子どもたちによりよい社会を見てもらいたい」という欲求もあるのではないでしょうか？

全てを変えろとは思っていません。

まずは在り方を考えましょうという話です。全員で力を合わせて進めていきましょう、という話なのです。これは、今後10年で僕たちが成していく改革だと思っていて、本校のサッカー部は、そのモデルとなり得ると自負しています。

社会の問題を「自分ゴト」にできる学校

２０１９年秋、ある学校でＳＤＧｓ関連の研究発表を拝見しました。

ある班からジェンダー問題を取り上げた発表があり、なかなか面白い取り組みだと思ったので紹介します。

テーマ「ジェンダー問題を解決する！　本校の校長先生を女性にしよう！」

思わず吹き出してしまいました。なんて素晴らしいテーマでしょう。審査員席に男性の校長先生がいるというのに！　ニュージーランドの首相をはじめ世界のさまざまな女性リーダーを紹介して、女性がリーダーをする時代であることを力説するこのグループに対して、ニコニコと見ている校長先生も素晴らしいと感じました。

僕自身、ＥＳＤ教育（Education for Sustainable Development の略。持続可能な開発のための教育）を少し学んでいたこともあり、ＳＤＧｓ関連の研究会に呼ばれることが多くなりました。ですが、正直しんどいなと思うこともしばしばあるのです。

例えば、世界のジェンダー問題を語る学生グループを見守る学校の先生が、ほとんど男性だったり、環境問題の訴えを聞いた後に、その学校のゴミ箱を見ると、ゴミが山積みになっていたり……。僕たちはいつまで、世界の貧困やアフリカのエイズ問題などといった社会の課題を生徒たちに〝追わせる〟のでしょうか。

もちろん、世界の問題が僕たちにとって、大切なことはわかっています。ただ、自分ゴトにするには、あまりにも遠すぎるのです。インターネットは、問題との距離を一気に縮めましたが、あまりにも遠くにある情報が近くで得られる分、以前よりも、実際の「自分ゴト」にするまでの距離は、ますます遠くなった気がします。

その点、女性校長論を訴えた学校の研究発表は、自分たちの学校を良くするための最善策を練って発表しており、また学校全体（校長含む）にそれを受け止める体制がありました。

僕たちは常々、どうやって学校を「多様な意見」を言いやすい環境にするかを問われています。ならばその前提条件として、「多様な人間」が必要なはずです。僕は学校運営を行う上で、まず管理職が多様であることが必要ではないかと常々思っていました。

僕はこの学校の研究発表を聞いた後、本校の管理職体制を「男女比50：50（フィフティ：フィフティ）」にしようと決めました（２０２３年度からまさにこの体制になりました）。

多様な視点を担保する組織であれ

現在、４名の本校の管理職の半分が女性です。つまり女性は２名。45歳以下のメンバーは３名です（僕は30代）。

手前味噌で恐縮ですが、これほど若い管理職集団も珍しいのではないでしょうか。

文部科学省の2019年度学校基本調査によると、政府が掲げていた「学校の女性管理職2020年までに20％」という目標は、結局達成できず（全国約18％）、高い都道府県でも30％が最高で、日本の学校組織の課題が浮き彫りとなっています。

そういった意味でも本校は多様性が高く、ユニークな管理職体制といえます。

年齢や性別が多様であることはもちろん重要ですが、大切なことはさまざまな視点で物事を考えることができるかどうかであって、若いからいいとか、女性だからいいとかそんなチンケな話ではないのです。

特に最近、教育界でやけに「グローバル社会」や「世界では……」みたいな話が多いようですが、そもそもグローバル社会に対応しようと学校組織が本気で思っているのか？　と思うような組織が多いのも事実です。

それぞれの学校のウェブサイトで謳っている内容と学校組織図を見比べれば、日頃話していることが本気かどうか、簡単にわかりますよね（管理職体制を見れば一目瞭然です）。

僕としては、日本もクオータ制度（一定数を女性に対して割り当てる制度）を導入し、国として多様性を担保できていない現状に危機感をもって取り組むといいのかもしれない……などと思うのですが、まず政治を動かすために民間企業を含め、さまざまな学校がやってみるというのはどうでしょうか。

学校組織として行う取り組みは、未来を作る生徒たちへのメッセージそのものだと僕は思います。

管理職が子育て真っ盛りで当たり前

データで読む限り、現在の一般的な学校組織では、ベテランの男性的な視点がメインとなっているように見受けられます。

本校では僕を含めて、現在の管理職の４人中３人が子育て中なので、子育てに関する、いろんな悩みを共有したりもします。当然、子どもが発熱したり、トラブルが発生したりと不確実性が高まることもよくあり、そのことも織り込み済みで運営しています。「今日は、教頭が保育所へ送迎」「校長は育児ワンオペなので、会議はＺｏｏｍで参加します」なんてザラです。

こんな感じで当たり前のように介護休暇や育児休暇、介護時短に育児時短が取れる職場の素晴らしさを痛感するたびに、本校の労働に関してこのシステムを持続可能にすべく、日々頭を動かしています。

そしてこういった組織運営のあり方を、本当は生徒たちにこそ見てほしいと思っています。

偉そうにグローバルやら新しい時代を語るのではなく、社会の縮図とも言える学校組織を見て、新しい時代を感じる機会を増やしていく。

これもまた、学校として着手できる一つの教育改革だと思います。

コロナ禍に即した労働環境とは

2020年にコロナで臨時休校になり、オンライン授業をどうするかを話し合っていたときのことでした。

「せっかく面白い取り組みができるかもしれないのですから、労働もフレキシブルにしませんか?」

ICT担当の先生の何気ない発言でしたが、「確かに!」と思い、2つの取り組みを即実行しました。

①自家用車の乗り入れの許可
②時差出勤制の稼働

①について
単刀直入にいうと、自家用車の乗り入れを許可することは、学校としてはリスクです。

通勤中に交通事故等が発生すれば、労災となり、責任が生じるため、もしかすると多くの学校では、導入しなかった取り組みではないかと思います。

②について

電車通勤の先生のために設けた制度です。やはり混雑時の通勤は精神的に負担が大きくなるだろうと考えて導入することにしました。

電車などを使うことで、感染リスクが高まるのではという緊張状態だった当時、おそらく必要な方もいたと思います。

タフなコロナ禍とはいえ、このように現場の先生たちが管理職に対して、気軽に意見を出してくれるようになったのは非常に嬉しい変化でした。

学校としては苦境の連続でしたが、同時にトップダウンになりがちだった組織運営を変容させる良い機会になったとも思っています。水平関係を持ちながら、お互いをリスペクトできる間柄こそ、本来の組織のあるべき姿なのだと改めて確信しました。

校長になってからというもの、「こんなことをしましょう」と先生たちが気負わずに提案してくれるようになったことは、学校改革を語る上でかなり重要な成功要素といえます。先生たちにしてみれば、目に見えて心理的安全が担保されているということですからね。

でもなぜ、この数年でここまで学校運営がスムーズにできるようになったのか？　と考えると、その答えは、間違いなく先生たちにあります。

僕に言わせれば、「先生たちが学校を良くしたいと思ったから」が答えであり、そのおかげで本校の改革は流れるように進み、結果が伴ったのです。こういうことを言うと、絵空ゴトのように感じる方もいるかもしれませんが、決してそうではありません。

この「改革の原動力とは何か」を伝えるために、耳の痛い事実からお話ししましょう。

「学校を蘇らせる」最後の願いをかけた改革

本校が２０１７年度に校名変更と共学化を実施し、実質的に改革をスタートさせたことはすでに述べてきました。

実をいうと、女子校を共学化させてうまくいった例は全国的にも非常に少なく、特に地方ではかなりの確率で撃沈していっます。そのままの法人を維持しながら改革するのは、それくらい至難の技で、大阪ではまずうまくいかないと目されていました。

僕も他校にいた身として「難しいことに挑戦する学校があるなぁ」と他人事のように話を聞いた記憶があります。それでも当時、本校は改革に踏み切ったわけです。

そもそもなぜ、改革を実施する必要があったのでしょうか。

「理想の教育を目指したい」という大きな建前はあったにせよ、経営的に、もう限界であったというのが本音でしょう。

この話は、学校財務状況をＨＰ等で確認すればすぐにわかることなので、オープンにしておきますね。

当時の大阪聖母女学院は、22年連続赤字で目もあてられない状況でした。昨今の人口減少による少子化と、女子校敬遠による募集減少が原因となり、ずっと赤字が続いていたのです。

２０１５年には、廃校案も議論されており、一度は理事会で廃校が決定されました。これは本校だけの特別な話のように思えますが、全国的に学校が廃校になるのは人口減少から見れば、至極当然の結果であり、実際に多くの学校が、この数年で廃校や募集停止を決断しています。

そしてこれからどんどんその数は増していき、経営能力がない私立学校は潰れ、募集定員割れの公立学校は合併されるでしょう。

こういった時代の波によって、まさに廃校になりそうだったところ、ＯＧの想いや現場の先生、理事会の方々の考えなどが合わさって、本校を根本から改革して、もう一度蘇らせようというプロジェクトが始まったのです。

つまり、先生方にとっても人生を揺るがす事態であり、どうしても改革しなければならない大きな理由を共有していました。

「学校を蘇らせる」

校長1年目の僕と先生方の目的は、同じでした。

場・歴史・人に敬意をもって否定する

何が言いたいかというと、先生たちの「本校を復活させて、自分たちがやってきた教育をこの地で表現してみせる」という強い想いと、「もう一度この学校を良くしたい」という僕の想いが合わさったところから、本校の改革は動き出したという話です。

文章にしてしまうと非常にシンプルですが、ここが最も重要な部分です。

「本校を復活させて、自分たちがやってきた教育をこの地で表現してみせる」

この文言の意味が、伝わるでしょうか。

改革というものは、前時代のものを否定することで、前に進もうとします。本校の改革もまさしくそうだったと聞いています。

もし「今までの教育が悪いから生徒が集まらなかった」などと言われたら、そこにいた先生方の気持ちはどうなるのでしょう。中には先輩の顔なども思い浮かべながら心で涙される方もいたかもしれません。そして、自分たちを責めたと思います。

そんな改革が本当にうまくいくのでしょうか？

もちろん、改革では現状を一度否定しなければなりません。

ただ、否定する人間は誰でも良いわけではないということです。「あの人が言うなら仕方ない」という前提がないと、改革はうまくいきません。

学校を良くしたい。それまで頑張ってこられた先人の方々、先生たちと同じくらい、その学校を愛しているかどうかが問われます。

もし、改革を提案・実行する人間であろうとするなら、学校という場・歴史・人に、誠実に向き合う気持ちを持っているかどうかを問われるはずです。

少なくとも僕はそう思います。

改革の原動力は、人の〝間〟にある

日本の私学には、少なからず創業家一族が運営する学校がありますが、そういう学校が良くも悪しくも改革しやすいといわれるのは、学校に対してオーナーシップを誰よりも強く持ちながら経営に励むことができるからです。

そういう意味でいうと、僕が来たときは改革しやすい状況だったといえるでしょう。悲しいかな、一度は廃校を決めた学校。たとえ失敗しても、元々そうなる運命だったと誰もが思える状況でした。理事長からも「好きなようにやって蘇らせてくれ」と言葉をもらい、ここまで運営してきました。

僕自身も着任するまでは「よし、改革するぞ!」などと自分なりのヴィジョンと意気込みを持っていました。ですが、そういった自分の考えを掲げる前に、この学校には授業が好きで、生徒が好きで、学校を誠実に愛している先生が大勢いることを知りました。

まずはこの人たちを生かさなくてはいけない。

そこから学校をどのように改革すればいいのかを探り、学校のルーツと理念の骨組みを辿るにつれて、100年の伝統と愛を見つける機会に何度も恵まれました。振り返ると、まるで自ずと歴史と先人の想いに焦点が合い、自然に全員の心が繋がるようなプロセスでした。

うまく言えないのですが、学校の過去と今、そして未来に繋がる巡りを、僕は校長という立場から教えていただいたように思えるのです。

人と知り合い、対話し、信頼を重ね、共に未来を描く。改革をするのは制度でも仕組みでもありません。現場の先生であり、学校運営に関わる全ての人によるものです。とすれば改革の原動力とは人そのものであり、人の間に流れている信頼、と呼ばれる何か、なのかもしれません。今ありがたいことに本校の改革は、最終的にすべて僕の責任において進めることができています。

もし「あなたにとっての誠実さ、愛とは何か？」と問われたなら、生徒たちと先生、保護者の方々……これまでの学校を支えてきた歴代の校長、先生方、多くの卒業生の存在が胸に浮かびます。脈々と受け継がれる伝統と先人たちの想い、今ある人の願い、この流れを途切れさせたくない。そのために、今いる場所、最終責任が取れる校長として最善を尽くすこと。それが、僕にとっての誠実さと愛。そう答えると思います。

コラム 「自己決定力」といじめの処方箋

いじめは解決できる

僕にとって校長1年目の大仕事の一つが、生徒同士の人間関係への介入でした。いざ蓋を開けてみると、教室でのトラブルが複雑に絡み合っていることがわかったのです。それら一つひとつの話を聞き、時間をかけて介入していきました。

まずは家庭訪問をさせていただき、今までの経緯と保護者の思いを聞くことからのスタートです。そして生徒に会い、彼らが何を求めているのか的確に整理し、気持ちを繋ぎ止めることに何よりも時間をかけました。

いじめは解決できる。これは自分なりの持論です。

僕の場合、いじめ問題が起きたときの対処として

1　いじめられたと感じている人の気持ちを聞く・汲み取る
2　どういう状態が本人にとって解決になるのかを見極める
3　いじめられた本人が解決したと感じる状態の合意をとる
4　合意に向けて問題を解決していく

という順番で動きます。

まずは生徒に何があったのか、何をしたかったのか、どうしてほしいのかを丹念に聞き取るところから始めます。

多くの場合、おそらくいじめの対処としてこの段階が甘いのだと思います。この聞き取りが中途半端なままでは、根本的には解決しません。

どうなるのかというと、結局は学校としてどうしていいのかわからないまま、お互いに無理矢理に謝らせて「はい、両成敗！」とするわけです。

経緯をさらっと聞くだけ聞いて「じゃあどっちも謝ろう」では何も解決しません。

僕は最初の段階で「何が気になるのか」「どこに納得がいかないのか」など細部に至るまで、生徒から正確に聞き取ります。

問題解決をするには、まず生徒の主訴を掴むことです。主訴において、僕の理解と生徒たちの理解を一致させることに全力で向かいます。

もちろん、人間同士ですから、いじめられた生徒にとっては本人なりの重さ、程度があるものです。「ここは悪かったな」と本人なりに思っている部分もあったりします。

「そこは自分も謝りたい」「この部分はもっと話したい」という部分まで掘り下げて話を聞く必要があるのです。

深い奥にある本音を掬い取ることができたなら、結果的に起きている問題に対処できるだけでなく、いったん解決さえすれば、生徒たちは以前よりも一層仲良くなったりします。そういったケースをたくさん見てきました。

生徒たちの心の葛藤

いじめた側の話をすると、最初から意図的に「いじめてやろう」というケースはほとんどありません。「ちょっと意地悪したかな」といった自覚がほとんどです。

それでも突然学校に来なくなった生徒のことを、うっすらと「自分のせいかな?」と思いながら「でも自分じゃない」「私だけじゃないよね」などと考え、情緒不安定になりやすい傾向があります。

また「謝る機会が欲しい」「でも自分だけが責任取るの?」「相手もこういうことをしたじゃん」といった自問と自己防衛の狭間にいることが非常に多いのです。

僕が介入する目的は、生徒たちの心の葛藤を整理するサポートと、「人間はそれぞれ違う」という視点で相手を本質から理解し、お互いに納得し合うためです。

いわゆるいじめの加害者といわれる生徒も、ずっと不安な気持ちでいるので、必ずフラットに同じように話を聞きます。

この「フラットに話を聞く」は、思っている以上に難しいので、非常に注意しなくてはいけません。

例えば、Aくんは学校に来ていない。さらにBさんと何かあったらしいとなると、「Bさん、何か言ったんでしょ？」というトーンになりやすいものです。Aくんが学校に来ていないという事実が圧倒的に強いので、影響を受けてしまうのです。

Bさんにも言いたいことはあるだろうし、Aくんは Aくんで何に傷ついているのかもはっきりしていない場合が多いのにもかかわらず、です。フラットに双方の話を聞いていくうちに、実は思ってもみない部分に起因していたことも実際にあります。

そういった心の事情を見ることなく、学校に登校できない生徒をなんとかしようとして、「とにかくBさん、次にAくんが来たら、もう謝って」と対処し、問題解決したつもりになったとしても、実際は何の解決にもなりません。

介入の最終段階になると、いじめた側・いじめられた側の話し合いに立ち会います。中には4～5ヵ月かけてようやく話し合いが実現した案件もありました。その間も、僕は双方の保護者としっかりと話し続けました。

生徒同士の話し合いに至るまでには、何より保護者の理解を得ることが必要不可欠です。僕が生徒中心に考えていること、彼らに絶対に不利益を与えないことを信じてもらわなければ、こういった場に立ち会うことも許されないからです。

一度こじれた生徒の人間関係を修復するためには、保護者との信頼関係がどうしても必要で、当然ながらショートカットはできません。

急がず焦らず、コツコツと通いながら、対話を重ねていきました。

いじめは〝違うこと〟への恐怖の反応

究極的な話になりますが、僕はいじめというものは「自己決定力」で解決すると考えています。ここでいう自己決定力とは、「誰かの行為」に対して、「どんな行動を選ぶか自分で決める」力、という意味です。

関わらないという決定でもいいし、こういう行為は許さないと決めて、教師に伝えたり、親に伝えることができる力のことです。

これさえできれば、誰かが必ず助けに入ることもできます。

例えばママ友同士の話でいうと、「あっ、このグループはちょっと無理だわ」で済む話が、「ここで付き合っておかないと息子がいじめられないか心配」と恐れて抑えてしまうと、そのまま流されて、本来関わりたくない状況に巻き込まれてしまうかもしれません。

ですが、もしここで、親は単なる一個人であること、生徒も個人だという認知があって、自己決定力を駆使すると、その場所から去るという選択が自然にできる。自分で決められます。

僕から一つ言わせていただくと、親がどうであれ、この状況において子どもに心配するようなことは起きません。

百歩譲って万が一、生徒同士で「お母さん少し変わってるね」と言われることはあっても、それが原因でいじめられた事例はこれまで見たこともありません。

何が言いたいかというと、生徒は生徒で自己決定できること、親自身も自分がどうするか・どうしたいかを自己決定できるということ。

誰もが自己決定力を発揮できるんですよ、という話です。

「違い」があるのは当たり前

日本の社会、特に学校は同質性が高い場です。

古来より「阿吽の呼吸」「以心伝心」など、何も言わずとも伝わる美しさの価値観がありますが、この価値を享受できたのは、インターネットが登場する前の時代まではないかと思います。

インターネットのおかげで、簡単に多くの人と価値観に出会えるようになった僕たちは、目の当たりにする「人との違い」を当たり前のこととして理解しなければいけません。

なぜいじめが起きるかというと、「他者との違い」に対して、人は恐怖を覚えるからだと僕は考えています。

学校の人間関係でも職場でも、もし「人それぞれに違う価値観がある」と全員が理解できたなら、いじめの根底にある「不安と恐怖の反応」という原理を少しは取り除けるのではないでしょうか。自分とは違う相手に出会ったとき、反射的に感じる「怖い」「排除したい」といった衝動に従うのではなく、「あっ、違うんだ」と反応することができる。

いじめを発生させないためには、このマインド設定が非常に重要です。

自分で行動を決められない場合、問題を抱えやすくなる傾向があります。このことを知っておくだけでも、非常に役に立つと思います。

本音は常に恐れの先にある

僕自身思ったことがあっても、言わずに抑えていることはしょっちゅうあります。そんなときは「あっ、僕はこの人にこういう風に思われたいんだな」「本当はこういう風に感じてほしいけど言いにくいな。言い出せないということは、こう思われたいから、今は言わない選択をしているんだな」と、自分を認知しています。

主体的に認知するか、よくわからないまま受動するかの違いですが、こういったささやかな認知の積み重ねが、自身の「自己決定感」に繋がっています。これができれば、人は何を選んでも自己決定をしている感覚を保てるようになっていきます。

何を選ぶと、自分は何を失い、何を得るのか。

恐れと抵抗の先にある、自分だけが知り得るメリット・デメリットを明確に理解認識できることが何よりも重要です。

選択肢から得られるであろう、両極の可能性を見る。眺めた上で、自分が本当は何を優先したいのか、得たいと思っているのかに気づく。

これらのプロセスが深まるほど、取れる選択肢は広がります。


結果として視界が広がれば、我慢や距離を置く以外にも、相手の良さや自分とは違うところを受け止め、お互いの共通言語をつくるといった選択も選べるようになるかもしれません。

人がそれぞれ細やかに自己決定力を発揮できたなら、組織でも家族でも、共にいる人と自分の価値観の違いに気づき、必要であれば公に伝えられる力も上がると僕は考えています。

自己決定できると被害者にはならない

時々、「みんな価値観は違うんだ！　だから出る杭はもっと出よう」といった一部の教育学者の人たちの論調を見かけます。

対して、生徒たちが不用意に打たれる杭になる状況に陥らないように、今の社会がどういった構造になっているのかを学び、理解することの重要性を説く人は、あまり見かけないように思います。

おっしゃっている方々は取り立てて煽っているつもりはないのでしょうが「出る杭はもっと出よう」

という言葉を真に受けては、生徒たちが生きにくくなる可能性が大きくなってしまいます。

僕は、外的環境を正しく理解する力は、自己決定と同じくらい重要な力だと認識しています。こういった観点も踏まえた上で、自己決定をする人が周囲から浮かない・孤立しないような場作りと、周囲を理解する機会とのバランスを取っていくのは、実は学校の役割ではないかと思っています。生徒たちが社会で自己決定を駆使できれば、「誰かが決めたルールに則っていくしか、もはや策がないんじゃないか」などと思えるときでも、自分の道を堂々と生きていくことができると考えているからです。

言い換えると、自己決定するということは「自分を被害者扱いしない」という態度と決意の現れです。

自分で考える・決めることは、どんな状況・時代でもできる。「これが自分のやり方で、自分の道なのだ」と堂々と生きることは、どんなときでも、いつからでも、誰でも始めることができます。

いじめの処方箋

いじめという人間関係のトラブルを、「いじめた」「いじめられた」という〝点〟で捉えれば「言った・言わない」の話になりがちです。

ですが、〝線〟で捉えると、連綿と続いていく人間同士の関係性が見えてきます。誰もがその途中で不安になったり、自分と違う人に対して恐怖を覚えるのです。

いじめがなんとなくの空気感で始まってしまうのは、「あいつひどいよね」と言ったとき、「わかる」などの自己決定されていない同意の安心感が欲しいからです。その欲求の裏にあるのは、異端な対象への強烈な恐さです。そういった心の動きが、ときに誰かを傷つけることがあるのです。

恐れと安心感。

僕はこの表裏一体の構造が、いじめの本質だと捉えています。そのため、点だけを捉えて、一概に「いじめた側」「いじめられた側」と安直に線引きするのは、あまり好きではありません。

こういったいじめの構造に対処するための処方箋は、大きく2つあります。「人は皆それぞれに違う」という理解、そして自己決定する力です。

なぜ、いじめの対処に自己決定する力が重要なのかというと、「あいつとは喋らないでおこうよ」という、ふわっとした発言に対して「うーん、でも私は喋るよ」と返答する力になるからです。

いじめているつもりはないのに、まるでいじめているかのような空気が生まれるとき、大抵はその場にいる人たちが自己決定していない状態で話しているときです。

単に意見を持つだけでなく、「決断」という行動をすることは、いじめを生み出しかねない微妙なムードさえ、自然に吹き飛ばす風のような力を発揮すると僕は思っています。

学校は生徒たちが共に学び、他者と出会い、自分の可能性と出会う場です。いまや学力至上の時代はとうに終わりを告げています。

ときには苦悩や葛藤、喜びを内包する人間関係を育む場としての学校の価値、その意味が改めて見直され、これからも問われていくのではないでしょうか。

最終的には、生徒自身が自分のことを自分で決める、スイッチャーのような場所になったらいいなと思っています。

第3章

海外進学を諦めさせない学校

初の海外進学指導は妹のNY留学

右も左もわからない校長1年生だった僕にも、すぐにできることがありました。それが海外大学との提携です。

個人的に海外進学指導に取り組むようになって、もう10年以上になります。前任校で海外進学担当だった繋がりもあり、「着任したら早々に取り組もう」と考えていたことでした。

僕自身、海外への思いがいつ生まれたのか記憶を蘇らせると、中学時代に遡ります。中学3年生のとき、学校で生徒をオーストラリアに連れて行く取り組みがありました。僕も行きたい！　と、申し込んだのですが「お前は英語の成績が悪いからアカン」という返事にあえなく撃沈。

確かに……悪い。でも行きたい。くそー、ここで終わったらこの気持ちは消化できない。そう思った僕は、自分で海外に行くことにしたのです。

各方面の知り合いを頼ると、父親の友人がアメリカにいるとのこと。中学3年生の初の海外一人旅、行き先はアメリカとなりました。初めての外国、日本とは違うダイナミックな街並み……自由で大らかなスタイルと思想に、非常に心が惹かれたのを覚えています。

それからというもの、外国に興味をもった僕は、アジア圏内をほぼ制覇し、ヨーロッパから中南米のジャマイカに至るまで、海外諸国を巡る学生時代を過ごしました。

そんな経緯もあって〝海外への壁〟は人よりも少し、低かったのかもしれません。


前任校で教員をしていた僕に、「海外留学をしたい」と最初に相談に来たのは、日本の音楽大学に在籍していた妹でした。R&B、ジャズ、ゴスペルの音楽をもっと学ぶためにアメリカへ留学したいというのです。

当時の彼女は、全く英語が話せませんでしたが、NY周辺の音楽大学や学校への留学を考えており、理論よりも実践を経験できる環境を望んでいました。

海外の進路指導の経験など全くなかった僕は、まずアメリカの音楽関係の大学や学校を調べることから始めました。といっても、英語もそんなにできるわけではなかったので、ほぼ翻訳機を駆使してのリサーチです。留学専門誌を読み漁り、知人に留学経験者がいれば話を聞きに行ったりしました。

こつこつと自分なりに検討を重ねた末、妹には、音楽の最先端であるNYの語学学校に入ってからカレッジへの進学がベストという見解を伝えました。音感・聴覚が優れた彼女ならば、おそらく「聴く」英語から入った方が早い。そう判断し、あれこれ考えずにすぐに行ったほうがいい、早々に行きなさいとアドバイスしました。

一見無謀に思えるかもしれませんが、彼女であれば英語も「音」として正確に拾えると確信していたので、特に心配はしませんでした。あとは本人のモチベーションがあれば、どうとでもなると思って送り出したのです。

その後、妹は語学学校に進み、教会でゴスペルシンガーとして生活するまでにＮＹに馴染んでいきました。

池田家の家訓「興味があれば進め、自分の好奇心に従え」をそのまま貫いていったのです。

僕がこの進路指導経験で得たのは「行けばなんとかなる」というシンプルな一つの事例でした。

渡米してからも、自分の夢を一歩一歩叶えていく妹の「強い想いは叶う」といわんばかりに夢を具現化していく姿は、僕にとってもかけがえのない成功体験となりました。

海外に行く限りは絶対に帰らない、帰れないと決める人もいるでしょう。僕の場合は「もし、だめだったら帰ってきたらいい」と伝えていました。

いざとなったら、いつだって帰っていい。こういった心の持ちようは、海外へ進学するときの重要

単身で渡米し、夢を叶えた妹。NYの教会にて

なポイントになるんじゃないかと思います。

言い方を変えれば、要はどんどん失敗したらいい、ということなのですが、「失敗」という言葉は、僕のような凡人には少しハードルが高いように思えるのです。

ちょっとしたニュアンスの違いですが、戻ってきていいんだよ、という言い方の方がしっくりきますね。

海外進学を諦めないための「裏技」

たとえ経済的に豊かでなくとも、コスパよく学びの機会を得る選択肢は必ずある。

この考え方は今も昔も変わらない、僕の信念です。

結局のところ、海外進学できる生徒は、経済的にも恵まれている家庭の話で、経済的に余裕がなければ無理……そんな世の中は、絶対にダメだと思っていました。

妹の進路相談をきっかけに、留学業者に頼らない海外進学の方法を模索するようになり、ここから海外進学指導への道のりが始まったのです。

本当は学校探しから問い合わせまで、段取りを丸ごと留学業者に頼めたなら、もっと楽に海外へチャレンジできると思います。

ですが僕が最も価値を感じたのは、お金をかけずに海外留学にいける「裏技」的な部分でした。学校現場に関わる中で、経済的に余裕のない生徒たちの実情を知っていたからです。

妹のためにやったことは、経済格差を超える海外留学の極意になる！　僕は無事に妹がＮＹに旅立ってからも、海外留学について調べることをやめませんでした。

ある留学雑誌の大阪支店長が親戚だとわかってからは、海外留学についてさらに詳しく教えてもらうようになり、ますます調べることが楽しくなっていきました。

「◯◯力」で、経済格差は超えられる

僕が一番知りたかったのは、「お金をいかに使わずに海外に進学できるか」なので、業者を通さないのが大前提。となれば、奨学金や特待生といった情報を収集するのは基本中の基本です。そうなると大使館や領事館の存在も裏技の一つになります。

ここで問題です。

お金をかけず、留学業者を通さずにやろうとする人に、最も必要な力はなんだと思いますか？

答えは、人に「聞く」力です。

恥じらうことなく聞ける。諦めずに何度でも通える。親しくなる。教えてもらう。まずはその力が大事なのだと、自らの実践でわかったのは大きな財産になりました。


例えば、学生ビザを取りたいと相談に行くと、「オファーを見せなさい」「どんなレターが届いているのかを見せなさい」と言われたり、時には一緒に書類を確認してくれることもありました。たとえ担当者に会えなくても、根気強く通ってやりとりを重ねていくうちに、その国のビサの取り方を教えてもらえたこともありました。

続けていくうちに「こうして自分でビザがとれるんだ！」などと手応えが出てきて、やればやるほど面白くなりました。ここまでくるとグーグル翻訳を使って、大学とメールでやりとりをするのもまた楽しくなってくるのです。


もちろん、留学業者さんに手伝ってもらう方が圧倒的に楽ですよ。それでも、自分で手続きをする経験は本当に大切です。

なぜだと思いますか？

正規留学となれば、３年ないしは４年は現地に住むことになります。異国に住むのですから、日本に馴染みすぎた思考を一回リセットすること、アウェー感を味わうことは、非常に重要なプロセスなのです。調べ物も手続きも、自分でできることは全部やりなさいと指導しています。

経済格差の問題は当然ながらあります。そして、その格差を埋めることは可能です。非常にシンプルですが「人に聞く」「調べる」といった力を有することは、確実に足を踏み出す、最初の一歩となります。

わからないことを調べ、人に聞くことを積み重ねていくと、留学に必要なコミュニケーション力の土台ができるだけでなく、ひいては生徒自身の強みになる。

経済格差を埋めるのは、つまり〝行動力〟なのだと思います。

マレーシアの大学生と料理を作る修学旅行

前任校で、高校2年生のクラスを担任していたときの話です。

3月のマレーシア修学旅行を組み立てるため、旅行社と打ち合わせをしているうちに、「現地の大学生との研修を入れよう」という話になりました。このとき僕は初めて、マレーシアの大学は日本の大学とは違って、専門性にかなり特化した教育現場であることを知りました。

例えば、ホテルサービス、キャビンアテンダント、プログラミングといったように、マレーシアの大学専攻は、仕事に直結しているケースが非常に多く見られます。

このように大学を人材育成の場として割り切っている運営は、国の明確な方針によってなされています。

そういう意味で、大学はアカデミックな場所というより、ビジネススキルの取得・向上を目的としていることが多いのです。

のほほんとした日本の大学とは違う雰囲気に、僕は好感を持ちました。少なくとも、なんのアカデミックな内容もビジネススキルも学べない日本の一部の大学より１００倍いいんじゃないか？　と思うことさえあります（あくまでも個人的な見解です）。


このときは、シェフやフロントといったホテル業界の人材を育成する、マレーシアの大学のホスピタリティ学部にご協力をお願いしました。

するとありがたいことに、マレーシア料理を作る体験をさせてもらえることになったのです。

このような修学旅行をしている高校の話は、あまり聞いたことがありませんでしたが、まぁとにかくやってみよう！　という話になりました。海外なので下見なしのぶっつけ本番です。

一学年、総勢約150人を連れて訪れたマレーシア。学内は広く美しく、想像以上の教育環境が整っていることにまず驚かされました。

学内にある実習用の広いキッチンに通された生徒たちは、現地の大学生に料理を教わりながら、マレーシアのコース料理を作り始めました。

言語は全て英語です。生徒たちが一心に上海蟹を剥き続けたり、言葉の違いに悪戦苦闘している姿を終始見守りました。3時間かけてフルコースを作り終え、大学生と一緒に食べて、学校を後にしたときの生徒たちは、信じられないくらいくたびれていましたが、目はキラキラと輝いていました。

僕はその姿を見てふっと「ここなら日本人も学べるんじゃないか?」と思ったのです。


取り立てて何か言わなくても、こちらの事情を理解し、話すスピードに配慮してくれる人々の姿に何より安心感が持てました。英語が第一言語の国では、おそらくここまでの配慮は受けられないのではないか? などとあれこれと分析しながら、このとき誰よりも僕自身が「マレーシアは面白い!」と興奮していたのだと思います。

帰国後には、以前より生徒たちの自己肯定感が格段に高まっていることを、教室でビシビシ感じました。

この修学旅行を境に、生徒たちの口から「海外に行ってみたい」という言葉がちらほらと出てくるようになったのです。

ですが、当時の僕の頭には「海外進学＝アメリカ」という図式がまだ根強くあり、海外への夢を話す生徒に対して、「学費も高い。日本で外大はどうだ？」といった進路指導をしていた時代でした（もう少し本音をいうと、自分が見たこともない海外の大学に大切な生徒を行かせる勇気がなかったのだと思います。自分自身で環境を確認するのはもちろんのこと、できるだけ現地を自分で見た上で判断し、生徒たちを送り出したいというこだわりがありました）。

それでも気になって、個人的にマレーシアの大学に問い合わせを重ねるうちに、自分が思っていた以上に学費が安いと知ったのは、ちょうどこの頃です。気づけば本腰を入れて、マレーシアをはじめとするアジアの海外大学事情全般を深く調べ始めていました。

おそらくこのとき、すでに頭の中にはマレーシアの大学で授業を受けている生徒の姿が見えていたのだと思います。

もし、次に海外に行きたいという生徒がいたら、「外大はどうだ」とはもう言いたくない。ならば、学費を抑えられるマレーシアの大学進学を後押しできる自分になろう。そう心に決めたのです。

地でいく「海外進学≠アメリカ」

再び1年生のクラスを受け持った僕は、相変わらずこつこつと海外留学の裏技を調べていました。教室では、マレーシアの文化や国・環境の良さについて、事あるごとに話していました。これは決して宣伝でもなんでもなく、自分が本当に良いと思うものは、自然に口から出てしまうタチなのです。

そうしているうちに、マレーシアに興味をもつ生徒が徐々に現れるようになり、いつしか個人的に相談を受ける機会が増えていきました。

高2の夏になると「マレーシアに行ってみたい」という相談を受けました。

僕はこのときに初めて、女子生徒2名をマレーシアの大学付属の語学研修に送り出すサポートをしました。

彼女たちは帰国すると、「卒業後はマレーシアに行く」と言って、自分たちからあれこれと動き出すようになりました。例えば、世界の問題解決をテーマにした「アジア・イノベーション・チャレンジ」というビジネスコンテストに出場したのもその一つです。彼女たちは、シンガポールの高校生2人とチームを組んで見事3位を受賞し、メディアでも紹介されました。授業はもちろんのこと、課外のアクティビティにも積極的に取り組み始めたのです。

翌年３月の修学旅行の行き先は、再びマレーシアでした。

僕は、前回以上に研修の時間を充実させたいと考えていました。そこで日本とマレーシアの文化の交流をテーマに、日本からけん玉や竹とんぼなどを持参し、現地の高校でまるまる１日交流するワークショップを計画しました。

この年の旅行では、生徒約１５０人とマレーシアの高校生が出会い、拙い英語を駆使しながらコミュニケーションをとる楽しさを分かち合いました。おかげで前回以上に濃密な時間となり、新たな手応

マレーシア修学旅行にて。現地の高校生と、精一杯の英語で交流

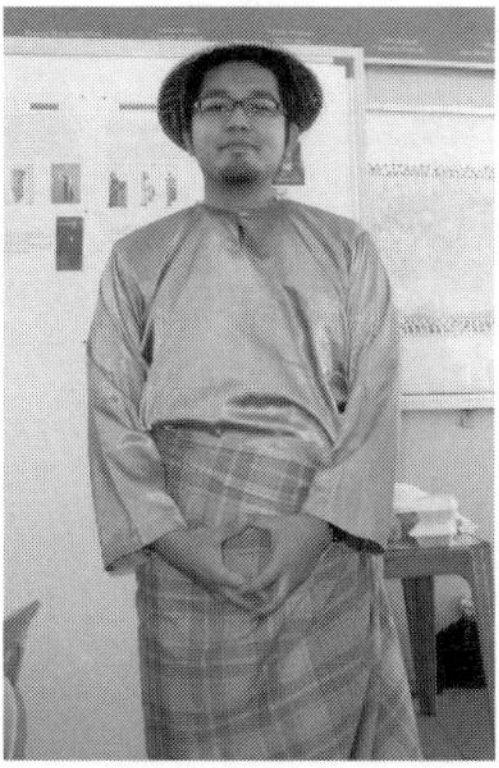

６割がイスラム教徒といわれるマレーシア。襟なしの長袖シャツにサンピンという腰布を巻く、男性の伝統的な衣装を体験

えを感じる修学旅行となりました。

初の海外大学進学指導で3名が合格

当時、調べていて「これはいい！」と思ったのが、マレーシアのアジアパシフィック大学の4週間・102時間の夏季英語短期留学プログラムです。

この短期留学は、英語のリーディング、ライティング、リスニング、スピーキングのスキルを身につける入門的な内容で、高い出席率と宿題が日々課せられるものでした。

かなりのボリュームですが、対話形式で進められる授業の中で、日本の学校では得られない経験ができるのが大きな魅力でした。

しかも、この1ヵ月の英語研修は日本の大学AO入試（現在は総合選抜型入試）でも評価されると大学の広報から聞き、まさに良いこと尽くしだったのです。

費用面も破格で、空港到着時の学校・寮への送迎から授業費、テキスト代、ツイン部屋の寮使用料、英語プログラムの卒業証書込みで、当時で約30万円。非常に価値あるプログラムだったと思います（為替レートで金額は変動します）。別途必要なコストは、航空運賃と食費、帰りの空港へのタクシー代くらい（当時のレートで２５００円程度）でした。

マレーシアは国が豊かなだけでなく、こういった金額設定が大きな魅力です。

海外留学を目指していた生徒２人は「この語学研修を受けてきます」と言って、高３の夏休みに再びマレーシアに飛び立っていきました。

最終的に、彼女たちは僕が受け持ったクラスからマレーシアの大学に進学した最初の生徒になりました。おそらく、進学前から何度も通ったマレーシアは「知らない外国」ではなく、自分たちの庭という感覚だったと思います。

一人の進学先は、セランゴール州にあるテイラーズ大学。「ＱＳ世界大学ランキング２０２１」のホスピタリティ部門で、マレーシア私立大学トップの学校です。もう一人は、インティ国際大学です。北米などへの海外大学編入プログラムを豊富に取り揃えた名門校でした。さらに隣のクラスの男子生徒１名が、サンウェイ大学への進学を果たしました。

サンウェイ大学は、ビジネス系の学部が充実しているのが特徴です。ダブルディグリープログラム（２つの大学の学位を取得できる制度）があり、やろうと思えば、卒業と同時にイギリスのランカスター大学の学位なども取得できる制度が非常に魅力的でした。

彼らが、僕が初めて海外への旅立ちを見送った生徒たちでした。

海外大学進学者・台湾の大学の場合

海外大学へ進学した生徒が、その後どうなったかという問い合わせをよくいただきます。最近会った一人、前任校で僕のクラスだったＲＹＵくんは、将来海外で働きたいというぼんやりとした夢をもったシャイな生徒でした。

彼は高２のときに英検３級に落ち、人生を諦めかけていました。そんな彼に、僕はこう囁きました。

「英語よりオモロい言語あるで」

その後中国語を勉強し始めた彼は、最終的な進路として、台湾の大学を選択しました。

彼は台湾でいち早く国際化した銘傳《めいでん》大学という、台湾の私立ＴＯＰ10に入る大学に入りました。ＱＳアジア大学ランキングではざっくりですが４００位くらいだったと思います。現在は台湾で起業に向けて準備中と聞いていますが、言語が凄まじく伸びているとのことで、中国語検定準１級まであと数点だと話してくれました。合格率２％だそうです。

準１級がどういうものかを調べてみたら、中国語で大抵のビジネス業務に従事できる語学レベルでした。高度で専門的な通訳業務でない限り、働くことに苦労はしないレベルとのこと。まだ一年生で凄まじい快進撃です。

「先生のおかげで人生が変わりました！」そんなことを言うようになって僕の方がびっくりですが、教師冥利に尽きます。

話す内容もテンセントの話、ヌヴォトン・テクノロジーの話、台湾スタートアップの話に至るまで、ジャンルを超えて対等に話せるようになり、最後に、「今の僕にいくら出せますか？」と言われました。

こんな生徒も、なかなか面白いものです。彼は、〝偏差値40〟からの逆転人生を今も邁進中です。

人生のモノサシは一つだけ……なんて訳ありませんよね。今も生徒たちがそう教えてくれています。

現地下見で得る新たな選択肢

もともと僕が台湾の大学に注目するようになったのは、卒業生の一人が台湾の人と友人になったと教えてくれたのがきっかけでした。なんとなく気になって調べ出すと俄然面白くなり、２０１７年には２泊３日で下見にも行きました。

こういうときは、事前にいくつかの大学にアポイントを取って、どんな環境なのかを見せてもらうようにしています。視察できたいくつかの台湾の大学は、例えるならアメリカの大学が移植されているような印象でした。

というのも、1970年代の台湾がアメリカへ大量に進学をさせる国策を取っていたので、台湾の大学の先生の多くがアメリカの大学院の博士課程を持っていたからです。

本来はアメリカの大学で教壇を取れる人材を、本国に呼び戻して台湾の大学の質向上を目指していることや、内容もアメリカの大学に準拠していることを、このときに知りました。

台湾から帰ってきた僕は、自分が見てきたこと、知ったこと、食事や文化などの違いと良さを生徒たちにどんどん話しました。

すると、生徒から「もっと知りたい」、さらには「行ってみたい」という手がちらほら挙がるようになり、ついに高校3年の夏になって有志の生徒3人と台湾の現地まで行ってしまいました。

宿泊はそれぞれに手配しての3～4日の滞在でしたが、台湾の3つの大学を訪ねて、実際に学んでいる環境を見せてもらうことができました。

まるで個人手配のツアーのようなことをしていたわけですが、僕としては話をするだけでなく、実際に現地を見て感じて、「自分の感じた感動を生徒たちと分かち合いたい」という気持ちでしていたことでした。

このときに連れて行った生徒たちが得た最大の発見と確信は「ここなら生きていけそうだ」という感覚だったと思います。台湾は日本食も多く、中華ももちろん美味しいわけで、学食の味など実際に体験できたことは、非常に大きかったと思います。


帰国した3人はすでに台湾への進学を決めていたので、それならば日本の語学学校で中国語を学びなさいと伝えました。進学を目指すなら、ある程度の中国語ができなければなりません。

その後、彼らは中国語を学んで旅立って行くのですが、そこへさらに他クラスの生徒2名も加わり、最終的には5名を台湾に送り出すことになりました。台湾進学は、英語に加えて中国語が身につくこともあり、語学が好きで向上心を持つ生徒との相性がいいように思います。


日本の大学にはとりたてて魅力は感じないけれど、海外で生活している自分にはワクワクする。そんな生徒たちの新しい選択肢になったのではないかと思います。

このときは最終的にマレーシア2名、台湾5名の計7名が、無事に海外進学を果たしました。

国内大学にこだわる理由がない

今も多くの進路指導の現場では「英語が好き」「海外に行ってみたい」という生徒に対して、以前の僕のように、「外大に行ったらいい」と提案しているかもしれません。

たとえ実際に海外を目指そうという話になっても、アメリカ留学の場合、年間300〜600万円近い学費がかかるとわかった時点で、無理だという発想になります。奨学金を使っても、「こんなの多分無理だ」と早々に諦める方が多いのです。

そこで僕は「そうじゃない道があるよ」と伝えたいのです。

もちろん、この提案自体も数ある扉の一つに過ぎません。

ですが、とにかく「自分の選択肢を狭めないでいてほしい」と何度も伝えてきました。そもそも生徒も保護者も、「うちはお金がないから海外は無理」という発想を持っているのは、アメリカの大学の費用が異常に高いというイメージがあるからです。

レートによって変動するのを前提に、一つの目安としてお伝えしますが、例えば、台湾の大学の学費の相場が1年で約20〜30万円ということを知っている人は少ないのではないでしょうか。寮費は月約３万円目安なので、年間約50万円で行けるというのも夢ではありません。

マレーシアの大学であれば、授業料は年間約70万円が相場で、生活費を入れると約１５０万円前後で進学が可能です。年間約１５０万円を目安にすると、３年で約４５０万円（マレーシアの大学は3年制）となります。

台湾であれば多く見積もって、年間約60万円として４年で約２４０万円という計算になります。国内大学は年間１３０～１４０万円を目安とすれば、４年で約６００万円になります。

もし生徒自身にやる気や夢があるのなら、今や国内大学にこだわる理由は見当たらない。おのずとそう思うようになりました（次ページに国別・留学事情を表にしています）。

海外13大学と提携・怒涛の1年目

校長着任から１ヵ月が経った5月。僕は大学と提携を結ぶため、韓国にいました。

ご存知の通り、世界的な韓流カルチャーブームもあり、日本の高校生たちは韓国を非常に身近に感じています。校長室にいる僕を、韓国への進学希望を持つ生徒が訪ねてきたのをきっかけに、その後すぐに韓国の大学に連絡して提携の話を進めました。

台湾	アメリカ	カナダ	ドイツ
★★★★★ インターン制度が充実。留学コストが低く、中国語と英語が学べる。日本人留学生は年々増加気味	★★★ 大学数が多く、入学難易度に幅がある。学費のハードルは高いが、留学生向けの奨学金を用意している大学が他国より多い	★★★★ アメリカ・イギリスに比べて入学基準が高く、大学はほぼ公立（州立）。教育水準が高く大学のレベル差がほぼない	★★★★ 国公立大学は留学生も授業料が無料もしくは格安。学生は公共施設の入場料が割引、州内交通機関が無料に
台湾華語（國語）	英語	英語 フランス語	ドイツ語
台湾ニュードル 1TWD＝約4.5円 物価は日本の約1/3～1/2程度	アメリカ合衆国ドル 1$＝約132円	カナダドル 1C$＝約100円 物価は日本の約1.2倍	ユーロ 1€＝約145円 物価は日本とほぼ同等
日本で習う中国語で問題なく通じる。治安は比較的安定しており、全体的に温暖な気候。冬の平均気温も14度と日本より暖かくて過ごしやすい	2大言語は英語とスペイン語。日本の25倍の国土に50州、国内時差がある。州ごとに法律や文化背景が異なり、多彩な価値観が存在。60％以上がキリスト教徒	ロシアに次ぐ世界2位の国土面積に、日本の約¼の人口が暮らす。雄大な自然が観光資源。約60％が英語、約20％はフランス語を母語とする	世界有数の経済大国であり、地球環境保護政策を推進する環境先進国。英語を話せる人が多い
日本に統治されていた歴史背景もあり、親日気質。台北など都市部は交通などインフラが整っており、日本と似た環境で過ごせる。日本語を話す若者も多い	人種のサラダボウルと称される多民族国家。優れた研究施設をもつ大学や返済不要の奨学金制度が充実しているが、教育費は年々上昇。犯罪数が多く治安は悪い	長年移民を受け入れており、人口の2割近くが移民。5人に1人は外国生まれ。州によって消費税が12～15％、チップが必要な文化圏のため、外食は日本より若干高い	国立大学の授業料は州政府によって定められており、公立大学であれば、原則授業料無料。アメリカやイギリスと比べて生活費が比較的安い
約3～4時間	約13時間（NY）	約12時間	約12～14時間

◆ **国別・留学事情**

	マレーシア	シンガポール	韓国
オススメ度	★★★★★ 欧米諸国に比べて、留学費用が抑えられる。イギリスやアメリカの学位を同時に取れる大学もある	★★★ アジアNo.1の経済発展国。政府や各大学の奨学金制度あり。最近は日本人受け入れを絞ってきている	★★★★ 教育熱心で競争意識強め。大学では留学生を積極的に受け入れており、奨学金制度も比較的充実
公用語	マレー語 英語	英語、中国語（マンダリン）、マレー語、タミル語	朝鮮語または韓国語
通貨 （2023年4月現在）	マレーシアリンギット 1Rm＝約30円 物価は日本の1/2～1/3程度	シンガポール・ドル 1S$=約100円 2022年版世界主要都市の生活費ランキング（EIU）はNYと並んで1位と物価高	大韓民国ウォン 1₩＝約0.1円 観光地での物価は日本と同等イメージ
特徴	国教はイスラム教。人種はマレー系が約60%、中華系が約30%。仏教・ヒンドゥー教・キリスト教を信仰する人も多く、複数の宗教が共存している	シンガポール人はそれぞれの民族の言語で生活し、多民族と話す際に英語を用いる。国民の過半数が中華系のため、英語と中国語を話すバイリンガルが多い	時差がなく、日本から一番近い海外旅行先として人気。比較的治安がよく日本のように四季がある。首都ソウルの夏は蒸し暑く、冬は乾燥し冷える
生活面の特徴	一年を通して常夏。庶民的な食事は一食300円以内で十分。日本人の移住者も多く、治安は比較的良い	治安がよく、法律が厳格なため街が清潔。食費や地下鉄、タクシー共に運賃が安い。学費と滞在費はやや高め。IT先進国であり、Wi-Fi環境が整っている	街では日本語が通じやすい。以前は割安なイメージがあったが、昨今は極端なインフレ国ではないものの、物価は年々上昇している
日本からの直行フライト時間	約7～8時間	約6～7時間	約2時間30分

提携を結んだ、韓国の大邱《テグ》にある永進専門大学校は、韓国で圧倒的な就職率を誇る大学です。グローバル教育を志して多くの留学生を迎え、アメリカの大学と提携したイングリッシュヴィレッジを運営する総合大学でした。

この協定締結によって、本校生徒はイングリッシュヴィレッジの活用や、3Dプリンターなどの使用、奨学金付き指定校締結などさまざまな交流ができるようになりました。その後フィリピンとマレーシアの大学とも、わずか3ヵ月で提携を結ぶことができました。

初年度から海外との提携を急いだのは、大学のサポートを直接受けることができる提携協定があれば、生徒たちの経済的負担を一気に減らせるからです。

できるだけ現地へ赴くことを優先したのは、学長や学部長に直接お会いすることで、得られる信頼があることを知っているからでした。特別な何かをするわけではなく「会って握手をする」という、いたってシンプルな動機です。

言葉も文化も違う国同士、本校の生徒を安心安全に送り出すためにも、直接会って話し、お互いに信頼関係を高めておきたかったのです。この年、計14大学（国内1大学含む）との提携を成立させました。

韓国・永進専門大学校での国際交流協定式

ちなみに２０２３年現在は、左記の17大学と提携しています。

●韓国　永進専門大学校
●フィリピン　セントルイス大学、アンヘレス大学、コーディレラス大学、エンデラン大学
●マレーシア　インンティ国際大学、ヘルプ大学、テイラーズ大学
●台湾　国立台南大学、銘傳大学、開南大学、樹徳科技大学、中華大学、元智大学、明新科技大学
●オーストラリア　ボンド大学
●アメリカ　フォントボーン大学

最速で海外の大学と提携する方法

先日もU先生に、「海外大学と提携ってどうやってするのですか」と聞かれました。

もしかすると、これが教員によく聞かれる質問かもしれません。時には知り合いを辿ることもありますが、それはほんのわずかで……実は「ここがいいな」という大学を見つけたら、サイトのお問い合わせフォームからメールを送るのです。

僕は英語を流暢に書くことも話すこともできませんが、ありがたいことに、現在は多くをメールで解決できる時代です。ＤｅｅｐＬというアプリを多用していますが、これがほとんど直すところがないくらいに訳してくれるので助かっています。

先生Ｕ「そんなに簡単にできるのですか？」
池　田「できます」
先生Ｕ「うそでしょう」
池　田「本当ですよ。先生もやってみたらいかがですか」
先生Ｕ「やれませんよ、恥ずかしいですし」

僕、恥ずかしくありません。なぜでしょうね。

普通は羞恥心が勝るものなのでしょうか。「やったことがないこと」が、単に怖いだけなのだと思います。

お問い合わせフォームで無視されたらどうしよう。変な人間だと思われたら嫌だな。いろいろ考えてしまいますよね。その気持ち、わかります。

でもね、海外進学を進めようという人間が、それくらいできないで、子どもたちに海外を進めてはいけません。敢えて僕はそう言いたい。

生徒にも常々「これくらい当たり前だよ」「こういうことができなければ、海外ではなかなか生きにくいよ、向いてないよ」と話しています。

海外進学者が増えるよりも大事なこと

着任１年目の２０２０年度、本校から８名の海外進学者が誕生しました。それまでの０名から一気に８名に引き上がり、この年から海外を目指す勇者が本校から旅立つようになりました。

オーストラリアのトップ８名門大学(Group of Eight)の一つ、モナシュ大学に合格した生徒もいます。モナシュ大学は２００９年の「Ｔｈｅ Ｔｉｍｅｓ」が選定した世界大学ランキング45位の大学です。

生徒たちの頑張りは素晴らしく、本当に嬉しかったのですが、本音は、どこの大学であっても僕はとにかく嬉しいのです。大事なことは学歴よりも、何を学ぶか、です。

京都芸術大学で「教育学」を超える「学習学」を提唱されている本間正人氏が「最終学歴よりも最終学習歴だ」とよくおっしゃっていますが、本当にその通りで、今は何を学んだのか、アップデートされているかが非常に重要な時代だと思います。

今や5年経てば、それまでのスキルが更新されるほどに変化する時代です。最終の学歴を自慢したところで、誰も見向きもしないことは、社会の誰もが理解していることではないでしょうか。そういう意味で、もしかすると学歴にこだわっているのは、実は教師、学校の方なのかもしれません。


それこそ保護者の方にとっては、もっとも高い関心ゴトなのかもしれませんが、学歴はあくまで結果であって、一人ひとりの生徒それぞれに物語があるはずです。僕はオープンスクールなどで話す際に、本校の進学実績を出すことはほとんどありません。

世界ランキングや合格難易度や偏差値ベースで「すごい」「すごくない」などと安易な判断をするようなモノサシで、自分や生徒や子どもの未来、人生を測るような価値観は、完全に時代遅れです。

これからは日本の大学、海外の大学、それぞれ個性の合った大学を、生徒と教師が一緒に考えながら選んでいく時代なのですから。


「学校はこうあるべき」なんて無粋なことは、あまり言いたくありませんが、それでも敢えて言うならば、生徒が何をやってみたいか、何を学びたいか、どこで誰とどのように学ぶかを目指す生き方をサポートする学校であろうと思います。

そんな僕にとっては、校長職そのものが大きな挑戦でしたが、生徒たちの挑戦も増えてきたことを本当に嬉しく、頼もしく思っています。

コロナ禍に海外進学の夢を叶えた生徒

マレーシアの大学との協定締結から、２年後の２０２１年夏。

コロナ禍においても、海外進学を目指す生徒が絶えることはありませんでした。

「どうしても海外の大学に行きたい」という女子生徒が、校長面談を申し込んでくれたのをきっかけに、保護者同席で話をさせていただきました。その生徒は、当初オーストラリアの大学を希望していました。

その後、僕なりに把握しているメリットとデメリットの話を聞いたのち、マレーシア進学を目指すことになりました。

彼女が決意したのが２０２０年１月。

それからあっという間にコロナによって日本は鎖国化し、海外から置き去りにされてあらゆることが遠くなっていく中、彼女は海外進学の道を信じ、ひたむきに英語学習を継続しました。

その間、僕は知り合いのマレーシア入国に詳しい筋から最新情報を集め、留学者は入国できることやその条件を、丹念に確認していきました。

２０２１年夏、マレーシアへの入国が許可された彼女は、２０２１年9月から晴れて大学で学び始めることができたのです。


奇しくも当時のオーストラリアは、海外からの入国をほぼストップし、オーストラリアの大学関係者は次々とレイオフされている状況でした。

一つ間違えば、悶々とした日々を日本で過ごすことになっていたかもしれませんね。人生、何が起こるか本当にわからない時代に生きていることを、身を持ってひしひしと感じます。

何が正解で何が間違っているのか、それがわかるのはずっと先なのかもしれません。もしかすると、それは誰にもわからないことなのかもしれません。

それでもこういった状況にあって夢を諦めず、コツコツ頑張ってきたのですから、今しか経験できない海外での生活と学びを、思いっきり体験してもらいたいと願うばかりです。

英語教育改革が失敗した理由

海外留学を目指す場合、帰国子女でない限り、英語が大きな壁として立ちはだかります。実践スキルが身につかない日本の英語教育は、長年議論が続いているテーマでもあります。

第２章で軽く触れましたが、英語民間試験導入が叫ばれ、〝英語四技能〟というパワーワードが英語教育界を席巻したことを、覚えておられるでしょうか。まるで狂騒曲の如く、すさまじい勢いでした。

先に結果を言うと、２０１９年11月、こぞって新聞各紙に「英語民間試験見送り」の見出しが躍りました。２０２１年、文科省の検討会議は２０２５年以降の大学入学共通テストで英語民間試験の導入を正式に断念しました。


当時、１００年に一度の教育改革とメディアも騒いでいたものの、（あるのはあるが）結局は跡形もなく、今は祭りのあとのような静けさです。あのときに大騒ぎをして、各地で煽っていた人たちはどこに行ったのでしょう。残ったのは、疲弊し切った現場の先生たちの姿です。

これは一体誰の責任なのでしょうか。

今回の日本の英語教育改革の失敗は、人口減少によって英語を使わざる得ない時代になるであろう

２０５０年あたりまで、つまり30年引きずると思います。

僕は、なぜこのようなムーブメントが起こったのかをよく考えます。

答えは、教育界があまりにも社会を理解していないからだと思っています。

なぜ、この国の英語教育は変わらないのか

四技能が頓挫した理由は、大きく２つあると思っています。

一つは、大学入試の英語を民間試験に移行したとして、地方の子どもたちはどうやって受けるのか、離島の子どもたちはどうすればいいのか、全くといっていいほど議論されていなかった点です（一部では声は上がっていましたが）。単に、東京など、都市部の人たちの論理で動いていました。

地方の人たちは声を上げていましたが、民間試験受験に関わる予算は組まれていなかったため、その時点で頓挫することはすでに目に見えていたのです。それでも英語教育界の四技能派たちは、強引に推進していきました。

もう一つは記述式に変更するという点です。

記述式……誰もが思ったのではないでしょうか。それを、誰が採点するのだと。50万人ほどが受ける

テストの記述を採点する……人的にも予算的にもほぼ不可能だと、本当は誰もが気づいていたはずです。にも関わらず、思考力や判断力、表現力を試す試験が導入される！　と煽り散らしてましたね。これが、日本の組織改革がうまくいかない原因かもしれないと思っています。

勘違いしていただきたくないのですが、僕は民間試験も記述式も「賛成派」です。英語改革はこの国において必要な改革だと今でも思っていますが、現在のシステムで行うのは大反対です。日本の英語教育は、なぜ変えられない状況にあるのか。この点について、僕はずっと考えてきました。当時の英語改革を「過ぎたこと」にするのではなく、今だから伝えておきたいことがあります。

受験至上主義が支える、日本の英語教育

日本の英語教育を語るなら、まず大学の話から始めなくてはいけません。

ご存知のように、大学入試で英語は必須科目であり、ペーパーテストを受けずに入ることはほぼできない状況です。

つまり、英語教育の需要は、「大学入試に大きく依存している」というのが日本の現状です。そのた

め、日本の大学入試前を担当する高校では、大学入試に対応した英語教師を採用することが求められます。

要するに、本当に必要な英語ができるようになる生徒の育成ではなく、受験対策用の英語をｈｏｗｔｏで教えられる〝力のある教師〟の採用に尽力せざるを得ない構造があるわけです。

この状況のさらなる悲劇は、この構造を支持するのが既存の教師だけではなく、保護者層であることです。

誤解を恐れずにいうと、保護者としては「よりネームバリューのある有名大学に行ってほしい」という願望があっても、必ずしも英語を自由に話せる子どもになってほしいとまで思っていない方が多いのではないでしょうか。

英語四技能を推奨する英語教育系のイベントに参加されていた、17歳の子を持つお母さんがこんな発言をしていました。

「英語四技能はよくわかるのですが、それで大学に受かるのですか？」

この発言を聞いた会場の人たちは、それまでの熱気はどこへやら、シーンと静まり返ってしまいました。ある登壇者が、「英語民間試験導入によって、入試が変わるので受かりますよ」と答え、少し熱気を取り戻すような場面を目撃しました。

大学入試改革は見事に頓挫しましたが、煽って儲けた人もたくさんいることでしょう。改革失敗を、今後も数十年引きずると思うと苦しくて仕方ありません。

この影響を被るのは生徒たちです。煽るにせよ、少しは研究してほしいものです。

本当に英語四技能化は必要？

そもそも日本語が約98％話されている日本において、英語四技能を含む教育改革は本当に重要なのでしょうか。

英語が必要だと主張する理由として、「グローバル社会なのだから、英語で考えて英語を使って活躍する人材を育成することは、日本にとって必要不可欠」という言説はよく聞きます。

現に、大手企業ではＴＯＥＩＣの点数を昇進の条件にしたり、社内公用語を英語にしている会社もあります。だから英語四技能に対応した英語教育を、「英語で行う」必要があるという理屈になりますね。なるほど、理解はできます。

では、このような人は日本に何％いるのでしょうか。

経済産業省の「2016年工業統計表」では、現在日本の企業数は359万社。一部上場企業が約3000社ですから、全体の0・07%となります。その他英語を用いる企業数を含んでも、1%程度です。

つまり「現状の日本は、ほぼ英語を用いずとも暮らしていける国である」というファクトをどう理解するかの話だと思います。

断言できるのは、「ほとんどの日本の中学校・高校において、大学入試の英語を無視することはできない」という現実がはっきりあるのにもかかわらず、英語は社会ではほぼ使われていない点です。これは高校生もよく知っている現実ですよね。なぜなら彼らの家族の多くが、英語を用いて仕事していないのですから。

大人たちは生徒のモチベーションを上げようと、英語ができれば大学に入りやすくなることを打ち出して、「グローバル人材になる」「賃金が上がる」などの方便を用いて〝やらせよう〟としています。それはもう必死です。

このような言説は、醜悪な説得と言わざるを得ません。そんなことで英語を学んだところで、日本人は一生英語を話すことはできないでしょう。

本当にそれでいいのでしょうか。皆さんはどう思いますか？

英語を学ぶ、２つの理由

そもそも「なぜ英語を学ぶのか」という問いに対して、僕の結論は2つあります。

一つは、多様性に基づく選択肢の担保です。

今まで多くの生徒に出会ってきましたが、日本に順応できる生徒もいれば、日本を出た方がいいなと思う生徒もいました。さまざまな性格や個性を持つ生徒たちが、いかに自分に最適な選択肢を社会で持つことができるのか。そのために英語というツールをどのように組み込んでいくのか。

これは僕たち大人が、今するべき仕事として考えなければならない課題だと思っています。


もう一つは、戦争の回避です。

第二次世界大戦において日本は苦渋を舐めたのですが、なぜ戦争を止められなかったのかという考察議論は、現代も盛んに行われています。

これは可能性の話ですが、もし当時の日本の大衆がもう少し英語（他言語）ができたなら、政治家たちや軍部、大衆の心理も違っていたのではないかと考えます。もちろん、歴史的には敵国語は弾圧対象になり、学ぶこともできなくなったので、いわゆるファンタジーですが。

2022年に始まったロシア軍によるウクライナ侵攻において、ヨーロッパ各国では、現地入りした記者による最新の情報が随時更新されていくのに対し、日本での報道はほんの一部の切り取られた情報と映像が、毎日繰り返し流されているような状況でした。

もし、日々変動する海外情報が、国内に即時報道され、誰もが最新情報を理解できたなら、何が違っていたのだろう……そんなことを考えたりもします。

あくまでも可能性ですが、日本にいながらロシア側・ウクライナ側どちらの最新情報を手にすることで、国によって異なる立場と観点、歴史文化と思想、戦略の違いなど深部まで理解できたなら、結果として今、どんな支援をするべきか、あるいはできるのか……新たな判断に至るかもしれません、個人レベルでも、募金以外の選択肢が広がったかもしれません。

平和な未来をつくるための語学教育

大袈裟に聞こえるかもしれませんが、僕が英語の教育改革に賛成する理由は、「英語を学ぶことは世界の平和を維持する活動」と認識している点にあります。

その前提として日本の英語四技能が何かというと、「コミュニケーションをとって、相手の価値観を知ろうよ」という話だと捉えています。

日本人にとって、〝世界の人たちを知ること〟そのものが重要であり、それは世界にとっても非常に有益であることは間違いありません。そういう意味でいうと本質的には、民間試験の見送りも四技能もどうでもいい話です。

この改革は国として失敗に終わりましたが、今でも「英語教育の改革は必要である」という僕の考えは変わりません。なぜなら他言語を学ぶことによって、相対的に日本を見ることができるようになり、自国を客観的に捉える視点が身につくからです。

本校で英語、フランス語（注・アフリカ等でも使われており、話せると対応範囲が広がる言語）を学べるようにしているのは、他言語と文化を学ぶ機会を継続的に提供することで、世界と日本を繋ぐため、ひいてはそれが平和への貢献になると考えているからです。

資本主義原理における英語教育ではなく、「平和主義原理に基づいた英語教育」であってほしいと願ってやみません。

生徒の未来、ひいては国の未来をよりよくするために英語教育があることを、常に胸に刻んでいます。

第4章

コロナ禍の校長の現場

ウイルス出現・怒涛の2年目

２０２０年2月3日にクルーズ船が横浜に入港し、クラスター発生の第一報が日本のメディアを席巻しました。発見された謎のウイルスは、2月11日に新型コロナウイルスと命名され、のちに大阪でもライブハウスで集団感染が確認されて、一気に緊張感が高まりました。

当時、ちょうど卒業式を目前に控えていた本校も、新型コロナウイルスに翻弄されていました。卒業式をどうするか……多くの校長先生と連絡を取り合い、対策を聞きましたが、僕自身かなり不安な状態でした。なんといっても2年目の新人校長です。

池　田「先生、卒業式はどうされますか？」
校長Ａ「いや、まだわからない。先生のところはどうする？」
池　田「いや、まだ迷っています。公立でやらないところもあると聞いています」
校長Ａ「そうなのか。難しいよなあ」
池　田「先生、ベテランですし、いろいろ教えてくださいね」
校長Ａ「俺もこんな事案、初めてや！　一緒や！　むしろ教えてくれ！」

よく〝正解のない時代〟と言いますが、誰にも全くわからないことが本当に起こるんだ、という冷静な自分がいました。ベテランも新人もない。誰もが初めてなのです。

そんなとき、僕が勝手に師匠と思っている友人に連絡をしました。デイトレーダーの彼は、社会情勢からさまざまな投資や投機を行う本物の投資家でした。

池　田「コロナウイルス、大変な状況やな」

友人Ｃ「凄まじい売り買いやで。市場は動きまくりや」

池　田「この後の展開を経済的視点で教えてほしい」

友人Ｃ「まず医療物資がなくなるとみていいな。海外の市場で激しく医療系は動いている」

池　田「卒業式、できると思うか？」

友人Ｃ「それはわからないけど、政府は休校にすると思うよ。アメリカのＣＤＣ（Centers for Disease Control and Preventionの略。疾病対策予防センター）が学校休校要請を出してインターネット授業に移行せよと指導している」

池　田「そうなのか！」

友人Ｃ「ネットに早く移行した方がいいよ」

当時、日本のメディアは感染情報ばかりで、国民全員が思考停止に近い状況だったと思います。

しかし投資家たちは、世界の状況を掴みながらさまざまな行動を起こしていました。自分の大切なお金をかけて取り組んでいるのですから、本気度が違いますよね。英語が「できる」ということは、単に聴ける・話せるレベルではなく、最速で世界の情報を読み取れる力のことなのだと痛感しました。

それから1週間後の2月27日、安倍首相は全国の小中高校に対して臨時の休校要請を行い、全国の学校が静まり返っていきました。

なぜ卒業式をやるんだろう？

僕自身、それまで卒業式について深く考えたことはありませんでした。自分の卒業式を振り返っても、涙ながらの……というよりは、次のステップのことを考えるとワクワクしていた記憶があります。

そもそも卒業式は、なぜ行うのでしょうか。

立教大学教授の有本真紀氏による『卒業式の歴史学』という本があります。卒業式をやるかやらないかで迷っていた僕は、アマゾンですぐに注文し、読み始めました。

日本で最も古い卒業式は、1876（明治9）年に陸軍戸山学校で観兵式とともに行われた「生徒卒業式」だそうです。軍の学校から始まって、全国に普及していきました。明治の終わり頃から、小学校の卒業式が一般化され、儀式的なものから感情を伴うものにしなくてはという意識が強まり、戦後は卒業式がイニシエーションとしての役割を担って、社会への接続を意識されるようになっていく……という過程があったことを知りました。

当たり前にあるものを考えるとき、やはり歴史は非常に大切なツールです。

卒業式は「社会への接続を意味するもの」として必要なのではないか？　と考えるようになりました。そんな考察を踏まえ、まずは素直に保護者会会長に話をさせていただきました。旅立つ生徒たちにどんな卒業式をしてあげられるのか。卒業式の「何が」大切なのか、という話です。

卒業式とは何の場所なのか。教師でも議論し、保護者の方々と何度も話す中で、一つ明確に表現できた言葉が以下です。

「卒業式とは、未来への思考の場である」

卒業式によって、この学び舎から自分はいなくなる。未来はどこに所属して、どんな友と出会えるのか、全くの未知である。その不安を、今の師や友は拭い去ってくれる。なぜなら3年前に、その不安を乗り越えた自分が、ここで出会った仲間なのだから。

卒業式とは、そのように生徒それぞれが重ねてきた考えと思い出、感情を集約した場であると僕は理解しました。

その後も紆余曲折を超えて最後の最後、ついに卒業式を執り行う決断に至ることができました。

多くの卒業生に「やってくれてよかった」と言われ、少しは未来への思考の場を提供できたかな、と思っていたのですが、さらに言われたのは、こんな言葉でした。

「こんなときしか感謝を口にできない、ありがとう」

思わずハッとしました。この言葉もまた、「卒業式というのはいったい何か」という答えの一つなのかもしれません。

日本人は、感謝を口にするのが苦手です。苦手というより、それを口にせずとも伝わることが美徳とされたりもします。

かの夏目漱石が「I love you.」を「月が綺麗ですね」と訳すくらいの国民性です。わざわざ直接的に伝えることに慣れていない僕たちにとって、儀式の場は、なぜか気持ちを口に出してみようと思える、ゴールデンタイムなのかもしれません。生徒にとって学校という場は、ほぼ一日中いる場所です。取り立てて愛情表現が不要だったりもするでしょう。

「それゆえのセレモニー、なのか」

僕自身、非常に腑に落ちた経験となりました。

初めてのオンライン入学式

２０２０年4月時点では、未だ新型コロナウイルス感染症の正体が明確にわからず、4月以降も休校が続く状況でした。このままでは、入学式自体を行うことができない……。大学の入学式はというと、70％以上の学校が中止を決断し、入学式のないまま、学校生活が始まっていくという状況でした。

「生徒にとって一生に一度の入学式をなくしたくない」

なんとか入学式を実施しよう！　先生たちと考えて、初めてオンライン入学式をすることにしました。

大学の入学式がなかった本校の卒業生たちが、口を揃えて「大学生になった実感がほとんどない」と言っているのを聞いていたのも決め手になりました。

いま振り返っても、オンライン入学式を実施することができてよかったと思っています。結局、行事の本質は、子どもたちのモチベーション向上、その儀式によってもたらされるコミュニケーションです。

重要なのは入学式という「型」ではないのだと、改めて認識しなおす経験となりました。

ですがその後、緊急事態宣言中で5月に開催予定だった体育祭が中止となったことは、当時の生徒たちに想像以上の深いダメージを与えました。春から学校に行くこともできず、不安な状態が続いていた中での決定です。生徒たちの明らかな落胆と失望の色が見て取れました。顔に出さずとも、残念な思いの生徒がどれほどいたことだろうと思います。

高校生活の行事は、どの年も人生で一回。その一回がどれくらい大事かという話です。大人になると、こういった尊さも「仕方がない」と言って片付けがちですが、生徒たちにしてみればそういう問題ではないのです。

新型コロナウイルスの出現で「なぜ卒業式をするんだろう?」という議論に始まった2020年。この後も、先生たちと一つひとつの行事の意義を問い直しながら、取りやめざるを得なかった文化祭、体育祭をどこかで開催したい。いや、しなければならない。僕は、そう密かに心に決めました。

体育祭をネット中継する試み

夏を過ぎる頃、感染者数が徐々に落ち着いてきました。

文化祭と体育祭の開催の可能性が見えてきたタイミングで、学校として一気に動き出しました。まずは周囲への打診と相談です。

生徒たちに話してみると、頭ではわかっていたつもりでしたが、彼らがこんなにも行事をやりたかったのか！　という手応えと思いの強さに改めて気づかされました。もちろん生徒だけでなく、保護者の方々にも理解してもらわなければいけません。

「どうしても文化祭と体育祭をやりたいのですが」と投げたところ、保護者の方たちからも多くの肯定的な声を受け取りました。中にはそうでない方もおられたと思いますが、保護者会会長のご協力と的確なフィードバックに助けていただき、本当にありがたかったです。

保護者の方にしてみても、「子どもたちの笑顔が見たい。できればやってほしい」という気持ちが強かったのだろうと思います。それを表立って言えない、というのが本音だったのではないでしょうか。

「この状況の中でやってほしいなんて言えない」

そんな保護者の感情を受け取っていますよ、そして僕たちも同じ気持ちです、というメッセージを伝えました。怖くて行事に参加できないという生徒に対しては、公欠を認めることにして、開催を決めたのは8月末。そのちょうど1ヵ月後、9月26日に文化祭、28日に体育祭の開催を決めました。

当校の文化祭と体育祭は、中高の合同形式のため規模が大きく、参加者の分母を減らす協力要請と各方面への説得が大きな課題でした。

また感染リスクを最小限にするためにも、誰が接触したかを把握できるような備えが求められました。

そのため最終的に、会場に保護者を入れない開催方式を採用したのは、一つの大きな決断となりました。

無観客開催となった2020年の体育祭

その代わり、この年の体育祭はオンライン中継での生配信を行い、自宅で保護者の方々に観てもらえるようにしました。写真ではよくわかりませんが、タブレットの画面は学年別に色分け表示がされています。

本校の体育祭が、まるでTVさながらのオンライン中継ができたのは、プロスポーツなどの中継を幾度も行ったことのある企業様のご協力のおかげです。

本来10月は、スポーツのオンシーズンで多忙ということでしたが、この年はコロナの影響でスポーツ中継が少なく、奇跡的に依頼を受けていただき、実現した企画でした。

体育祭当日は会場に3台のカメラが入り、ズーム映像も入れてもらうことができたので、想像以上の高画質で生徒たち一人ひとりの顔をとらえるネット配信となりました。

朝から自宅で観戦していた保護者の方々からは、「感動しました！」という声が続々と届き、ひとまず安心しました。

文化祭は、マスクありの同席であれば、濃厚接触者の扱いにはならないという方針が示されていたので、生徒たちにマスクを徹底させつつ、各クラスに消毒ツールを配布。こまめな消毒を実施しながらの開催となりました。

学校、生徒、保護者一丸で進めた行事

少し思い出していただきたいのですが、２０２０年当時は今ほど新型コロナウイルスの詳細なデータもエビデンスもなく、ワクチンはいつできるのか？　などと言われていた時期です。

よくわからないことが多い中、誰もが手探りで進むしかなかった厳しい精神状態でした。

イベントにしても、感染対策を問われるだけでなく、「こんな時期にどういうつもりだ」という糾弾の声も挙がるような雰囲気の中、相当ナーバスな年だったと記憶しています。

そのような中での行事開催の決断は、決して生半可な気持ちでできるものではありません。本当に行事を開催するのか。できるのか。揺れながら最後の最後、僕の覚悟の後押しをしてくれたのは、保護者の方々でした

このときもし、保護者の方たちの理解がなければ、たとえ開催できたとしても、相当険しい道のりになっていたでしょう。

ありがたいことに「先生の覚悟は伝わっていますよ」という声と共に「開催してくれてありがとう」という言葉を聞いたときは、「こういう形で〝ありがとう〟と言われる学校行事があるのか」と感慨深いものがありました。

これは決して新型コロナウイルスだけの話ではなく、どんな学校も複数の課題を持っているはずです。

そういうときは、保護者の方たちからどれだけ学校が信頼を得ているかが重要になってきます。このときに本校が無事に行事を開催できたのは、それまで学校として地道に重ねてきた教育への誠実さ、運営の姿勢が保護者の方々に届いていたことが前提にあり、その結果として同意と協力を得られたのではないかと思っています。

もしかすると、オンライン授業の切り替えに迅速な対応ができたことも、一つの要因だったのかもしれません。

それまで地道に重ねてきた信頼関係が、行事開催の決断において大きく花開いたように感じました。

とはいえ、開催した結果がどうなるのかは、誰にもわかりません。自分なりの覚悟をもっての決断でしたが、それでも学校の聖堂を一人で訪れては「クラスターが出ないようにお守りください」と毎日祈っていました。

結果的に、体育祭と文化祭の開催による感染者の報告もクラスターの発生もなく、心からホッとしました。

コロナ禍における研修旅行の采配

２０２１年10月。本校生徒の高校2年生、中学3年生が研修旅行に旅立ちました。

正直、この年の夏の感染状況を眺めていたときは、「今年の研修旅行は無理かもしれない」と何度も延期を考えました。でも秋にはなんとか実現したい。でも冬にはまた増えるかもしれない。そんな中で、キャンセルポリシーの時期がやってきます。できれば払わせたくありません。

僕の決断によって、各家庭に負担がかかります。コロナ前は当然ですが、キャンセル代は原則生徒負担。とはいえ……悩みは尽きません。学校経営って本当に難しいものですね。

とにかく、キャンセル代を学校が負担できないかを模索しながら、理事会に話を通しておきつつ、綱渡りの運営でした。このときも多くの保護者からの応援が励みになりました。

キャンセル代約3万円、200人であれば600万円もの金額です。これを学校が負担する覚悟を持つかどうか。この決断一つで、生徒たちの思い出・経験が変わります。なんというお粗末な経営者だと笑う人もいるでしょう。それでも僕は、実現したかったんです。

結果的になんとか無事に出発することができた研修旅行。これもひとえに保護者の方々のご支援のおかげでした。ときに楽ではない校長職ですが、生徒の人生をほんのちょっとだけ変える選択も任されており、やりがいはひとしおです。

中学3年生の研修旅行の出発地・伊丹空港で、生徒代表の挨拶がありました。

「こんな時期に研修旅行実施を決断してくれて、ありがとうございました。

まさか行けるとは思っていませんでした。

私たちは、最高の思い出を作ってきます。ありがとうございました！

行ってきます！」

ちょっとウルっときました。

こういう時代の校長である限り、想定外の状況での采配と責任は避けて通れません。それでも、生徒たちの豊かな体験と思い出が一つでも増えるように、できることを全部する。それが僕の役割だと思っています。

生徒発案・国際オンライン交流の実現

イベントが次々となくなり、生徒の不安とフラストレーションは溜まる一方。そんな現状を前に、僕は指を加えて何もできない歯痒さを味わっていました。

ある日、廊下でイングリッシュコースの生徒に話しかけられました。

「予定していた海外系の研修が全部なくなってつらい。何かやりたい」とのこと。外国の人と交流したいと聞き、それならオンラインで何かできるかもしれないよ、という話になりました。

このときの会話がきっかけとなり、生徒たちの発案でアバターを作り、メタバース上で英語での国際交流をするという企画が立ち上がりました。

生徒たちにカリキュラム作成から任せつつ、僕は大学提携でフィリピンを訪れたときにお世話になった学校の先生たちに声をかけました。

それから数ヵ月。生徒たちが作ったアバターを介して、メタバース内での国際交流が実現したのは、２０２１年７月のことです。

9月にはフィリピンの先生たちと毎週１回、マンツーマンでのオンライン英会話実習を１ヵ月以上行い、12月には在日外国人大学生による、チームでの英語ワークショッププログラムを開催することができました。

まさか生徒発案で、このような形での国際オンライン交流やプログラムが次々に実現できるとは、全く想定していませんでした。

コロナ禍だからこそ、という言い方も変ですが、振り返れば生徒主導のイベントが圧倒的に増えたのは事実です。また、コロナ前に

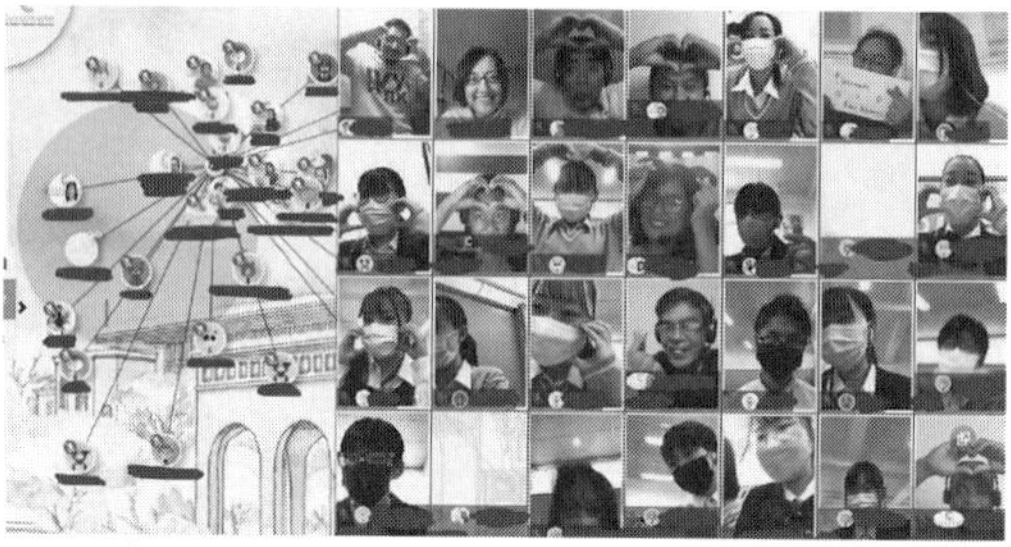

フィリピンの大学生と共に開催した、初のメタバース国際交流会

毎週継続したオンライン英会話実習

作っておいた海外との連携が生かされたことは、自分としても嬉しい事例となりました。

創立99年目「食堂を創ろう」プロジェクト

失われたこともあれば、得たこともあります。

僕がコロナ禍で得たことは、行事に限らず「学校ってなんだろう？」という大きな問いを考える機会が増えたことです。なぜ、あえてリアルでみんなが集うことを要請するのだろう。「集まる」と「会う」の違いはなにか、と考えるようになりました。

リアルな場での「集まる」の場合は、座席近くに集まって話し込むなど、目的のない偶発的な「集まる」も発生します。同じタイミングで、たまたま同じ場所にいたから始まる「集まり」が存在したりもします。

さらに「会う」で示された2名、すなわち「1対1の場面」については近年、対話の技法として1オン1が広く知られるようになってきています。

しかし、「3人以上で意味のある集まりをどう実現するか」について、その知見は不足している状態でした。

そこで、本校ではプロジェクトとして「人が集まる」とは何か、という問いに対して「3人以上のメンバーが、同じ時間、同じ場において、コミュニケーションの発生が期待されること」と定義し、効果的な場のつくり方についての検討を進めることにしました。

リモート・対面を問わず、目的の有無も問わない。

このように定義することで、対面・非対面を超えて「集まる意味」についての議論がより活発になるのではないか、と考えました。

何か手はないか？　と議論を重ねていくうちに、本校の長年の夢だった物理的な「食堂を創ろう！」という案を採用し、ここから食堂建設プロジェクトがスタートしたのです。

ありがたいことに、2022年に過去最高レベルの入学生数が確定したことで、金銭的な算段がつき、食堂建設の構想がスタートしました。

実をいうと本校は創立以来、食堂を運営した実績はありません。なぜか？　その理由は、それまでの女子教育にありました。

本校では家庭でお弁当を作ることで、子どもとのコミュニケーションが生まれ……という伝説が流布されていました。この伝説が真実かどうかは定かではありませんが、とにかく生徒たちはお弁当を持参することが伝統化していたのです。

近年では共働き家庭の増加など社会変化に伴って、食堂へのニーズは日ごとに増しており、特にコロナ禍においては、どの家庭も大変な状況にありました。

少しでも家庭の負担を軽減し、生徒たちが集う場を作りたい。

長年の思いが、未だかつて成し得なかった「食堂」を実現させる大きな原動力になりました。

アントニン・レーモンドの軌跡

本校の建物は、１９３２年にチェコ出身の建築家アントニン・レーモンドによって設計されたものです。

彼は、知る人ぞ知るモダニズム建築の代表者であり、当時のカトリックミッションスクールを数多く手がけた人物として知られています。本校の学び舎は、そんなレーモンドによる建築物なのです。

特に美しいレーモンド建築の最も色濃く現れている部屋、それが雨天体操場でした。

この場所を食堂にして、子どもたちが共に食事を楽しむ空間を創ること

1934年に完成した雨天体操場の当時の写真

2021年ルルドホール（食堂）にリノベーションする前の貴重な一枚

で、学校という場の価値を感じられるものにしたい。いつの間にかそんな願いのこもったプロジェクトになっていきました。

戦前までの学校給食は、貧困児童の救済を主な目的として運営されていました。そもそも〝学校の食〟という意味では、1889年（明治22年）に山形県鶴岡市の私立忠愛小学校において、貧しい家庭の子どもたちに米飯を無料で給食をしたのが始まりとされています。

1946年（昭和21年）のクリスマスの日、日本の子どもたちにと脱脂粉乳、小麦粉、缶詰などが連合軍総指令部（GHQ）およびララ委員会から贈られました。

「栄養不良の日本の子どもを救う必要がある」というGHQの勧告に基づいて学校給食が再開されることになり、贈られたものです。

1949年（昭和24年）に入るとユニセフによる無償のガリオア資金が供与されるようになって、脱脂粉乳によるミルクのみの給食やおかずのみの給食（主食持参）も含め、パン・ミルク・おかずによる学校給食が全国に普及していきました。

学校での食は、憩いの時間であり、食堂は憩いの場所です。

長引くコロナ禍で疲れ切った生徒たちの心を、少しでもこの食堂で癒すことができたら、きっとレーモンドも喜んでくれるのではないかと考えました。

食堂の構想を練る中、いつものごとく学校の歴史を辿る作業をしていたある日、倉庫から大量の当時の図面が見つかりました。良い機会だと思い、レーモンド研究者たちに連絡を取ったところ、多くの研究者から一様に驚きと歓喜の声が上がり、ますますプロジェクトはその意味と価値を放つものになっていきました。

こうなると単なる食堂ではありません。文化財の中にある食堂です。ＯＧたちが体育を学んだこの場所が、現代で生徒たちのコミュニケーションの集合地となる。そう思うと改めて、類まれな歴史をここに残した先人たちに、感謝の念が溢れて止まりませんでした。

僕たちは、当たり前のように小中学校に通い、そして高校、大学とある種、盲目的に進学していきます。それが、このコロナによって集まる意味を再定義していくことで、学校のあり方の本質が少し見えたように思えました。

社会の変化によって、今までの考え方だけでは維持できなくなっている昨今、いかに社会と向き合いながらプロジェクトを進めることが大切か。

この食堂プロジェクトによって、多くのことに気づくきっかけが与えられたと思っています。

着々と工事を進めてきた２０２２年6月4日、ルルドホールとして生まれ変わった食堂の開設式を執り行いました。

120名が着席できる大食堂では、ランチをはじめ、手作り出汁カレーや聖母ブリュレ（フランスの流れを汲む学校なので）などを手頃な価格で食べることができます。気持ちの良いテラス席もあります。

中高生や教職員が集い、笑い声の絶えない気持ちの良い空間です。コロナの波を幾度も越えてきた今、生徒たちと先生たちが集い、食を共にすることがどれだけ尊いことか。

ここで日々どんな会話が交わされ、どんな関係が生まれるのか。どんなプロジェクトの種が生まれ、どんな未来が創られるのか……想像するだけで、ワクワクします。

食堂が持つ意味と価値、役割は何乗にも掛け合わされて、僕たちの予想なんて軽く超える未来がここから生み出されることでしょう。

その日が来るのを、心から楽しみにしています。

リノベーションのために制作したイメージパース

完成した食堂・ルルドホール。外にはテラス席もある

なぜ、迅速にＩＣＴへの移行ができたのか

本校の授業体制ですが、２０２０年5月にオンライン体制に切り替えて以来、感染状況に合わせて、対面とオンラインを切り替えたハイブリッド授業を提供し、現在に至ります。

他校の先生方からは「なぜそんなに早くＩＣＴ（Information and Communication Technologyの略。パソコンやタブレット端末、インターネットなどの情報通信技術を活用した教育手法）に移行できたのですか？」とよく聞かれますが、なんといってもスピーディに実現できたのは、まずは生徒、保護者、教職員の協力の賜物だということです。

また、前提として２０１５年に一度廃校が決まっていたことも、実は要因の一つではないかと僕は考えています。

当時の様子をリアルタイムで見ていたわけではありませんが、先輩たちに聞くとかなりの先生方が去っていったと聞いています。

当然、廃校を決めるくらい経営が悪化していたわけですから、自分たちの去就も含め、検討したのでしょう。また、女子校教師としてのスキルを磨いてきた中で、突然の共学化による転職希望も、お

そらく増えたのではないかと推察されます。

よって、そもそも本校にはいわゆるベテランと呼ばれる50代、60代の先生が少ない状況だったということです。

もちろん、年齢に関係なくＩＣＴスキルに長けている先生もおられるので一概には言えませんが、デジタルが日常的にあった世代とある程度の差があるのは、仕方のないことだと思っています。

２０２３年現在、２０１４年の生徒数から約５倍となり、職員も増加しています。新たに20代、30代の教員が増えていった結果、気づけば当たり前のようにＩＣＴを使いこなせる状況となっていました。

僕は現在38歳なのですが、中学1年生から携帯電話を持っている世代で、初めて使ったパソコンは、小学校の頃に父親にもらったスケルトンのマッキントッシュです。

デジタルスキルを日常で使う世代とそうではない世代。世代で区切ること自体、それほど意味はないとは思うものの、さまざまな要因によって結果的に組織が若返っていたことは、今回のＩＣＴ教育を加速させることができた一因だと思っています。ちなみに本校の教職員平均年齢は35歳ですが、全国的な年齢はどうでしょうか。

文部科学省が全国の小中高校などを対象に実施した、令和元年度の学校教員統計調査によると、公立小学校教員の平均年齢は42・6歳で、中学校は43・6歳。高校が46・1歳と少し高い結果となりました。この結果と比較すると、本校は他校に比べて若いことがわかります。

僕が特別なマネジメントをしたというよりは、期せずして若い組織になっていたことは、大きな強みだったと認識しています。

Ｚｏｏｍの使い方から始まった教員研修

そもそも本校は、２０１７年度の共学化スタートとともにタブレット（ｉＰａｄ）を生徒全員に持たせてＩＣＴ教育を推進してきた学校です。

ＩＣＴの導入によって、さまざまな学校の問題点が浮き彫りとなりましたが、その都度、解決しながら今の運用になりました。

問題としてよく挙がっていたのは、ＩＣＴによって学習阻害が起こるのではないか、という点でした。それが緊急事態宣言によって臨時休校になったことで、これまでの取り組みを活かす機会が突然訪れたのです。

2020年4月の一斉休校から数ヵ月経った頃、日本は少しずつ冷静さを保てる状況になってきました。

このときの僕はオンライン授業と対面をうまく連動させながら、学校運営をしていく一年を想定していたので、先生方の頭の片隅に常にオンライン授業を置いてもらう必要があると考えていました。

そこでICT担当の先生を呼んで、何度も打ち合わせを行いました。

すでにタブレットでの授業取り組みが行われていただけあって、フルタイムの職員はほぼできるとの結論でしたが、非常勤の先生方をどうするかが課題となりました。

Zoomも今でこそみんな当たり前に使っていますが、当時はそこまで思うようには使えなかったのです。若手の先生たちが中心となって、不得手な先生に教える姿を見かけるようになったのは、この時期です。

それまで先輩だった先生たちが、若手から学んでいる姿を見るたびに、従来とは異なるフラットな組織へ変化を遂げる手応えを密かに感じていました。

試行錯誤のオンライン授業研究

次の段階として、「Ｚｏｏｍを使ってどのように授業を進めていけばいいのか」という議論があり、いくつもの実験と検証を重ね、試行錯誤を繰り返しました。

例えば、先生たちで授業する方と受ける方に分かれて、１回50分間の授業を６時間、実際に試したりもしたのですが、終わる頃には全員がっくりと疲れてしまい、これでは生徒たちもしんどいだろうし、集中力はほぼなくなるだろうという話になりました。

続けていけば慣れていく部分もあると思うのですが、それでも画面疲れは大きな課題の一つでした。

また50分間画面を見続けると、目も疲れるということもわかったので、30分間の双方向授業にプラス、20分間の課題という構成も試しました。

一口に「オンライン授業をやりましょう」と言うのは簡単です。今でこそ慣れてきた部分ではありますが、最初は一つひとつ試しては吟味し、授業の型から模索していくプロセスが必要不可欠でした。

最終的な構成としては「クエスチョンを投げかけて、その課題を解く」というスタイルがベストだという結論に行き着き、採用することにしましたが、いざ始めようとしたものの、誰もが授業をオンラインで行うのは初めてだったので、ここでも「いったいどうすればいいの？」からのスタートです。

当時の先生たちには、さぞ負担がかかっていたことでしょう。アクティブに自分たちで研修を開催するようになったのも、自然の流れだったのかもしれません。

自発的な企画がどんどん増えていった中で、今でも印象に残っている出来事があります。

ちょうどオンライン授業が始まった頃に「辞めたい」と言ってきた60代の先生がいました。「やったことがないので、できません」というのが退職の理由でした。

「こういうときはみんなで助け合おう、と生徒たちに教えていますよね。サポートしますので、このまま本校で一緒に頑張りましょう」とお話しさせていただいたことを覚えています。それから教科の先生、同僚によるサポートが始まりました。

その先生のオンライン授業には、常に他の先生の顔があり、授業が終わる度にフィードバックをする姿を日々見かけました。

カトリック校という要素も関係していたのかもしれませんが、教員全員がクリスチャンというわけではありません。

それでも人を思う心は、このように共有できるものなのか……と僕は改めて気づかされました。

この学校の先生は、誰かが「助けて」と言ったら、全員で助けるチームであり社会なのだ。そう教えてもらった出来事でした。

「辞めたい」と言っていた先生は、サポートがあったとはいえ、不得手なことに取り組んだのですから、本当にしんどかったことでしょう。その努力と周りのサポートの結果、見事なＺｏｏｍの使い手になられて、その後も教壇に立っておられます。

こういった先生方の有り様というものは、プロセスも含めて生徒たちに伝わるものではないでしょうか。たとえ良いふうに偽ったとしても、生徒たちは必ず見透かすと僕は思います。

本校の職員室が、誰かが困っていれば助け合う社会であることは、生徒にも必ず良い影響があるはずです。

社会のことをとやかく言う前に、まずは僕たちが誰かを見捨てるような組織であってはいけない。つくづくそう思います。

毎日が授業参観に早変わり

どんな意見も感想も一旦吸い上げる。これは校長の重要な仕事です。

オンライン授業を始めてわかったことの一つが、生徒だけでなく保護者の方もテレワークになっているケースが多く、先生の授業を近くでよく見ていることでした。

当時は「保護者の方がオンライン授業に対してどんな印象を持っているか」について、保護者会会長の方から細やかにフィードバックをいただき、これが本当に助かりました。

「もっとグーグルフォームを使った方がいいんじゃないか」といった具体的な提案から、生徒たちが実際に苦労しているポイント、特に宿題が多すぎるといったフィードバックを的確に受け取りました。


振り返ってみると、こういった声を反映していくようになった辺りから、オンライン授業の内容がさらに向上し、教育の均一化を図れるようになっていったように思います。

中には「授業の最後にある20分の課題ですが、子どもはちゃんとやっていない」といった貴重な声もいただき、課題そのものの見直しを含め、授業の改善を着々と進めることができました。


特に宿題の量の調節については、具体的な改善が求められました。オンライン授業となると、どうしても先生自身が安心感を得るために、何かにつけて宿題を出しがちになり、注意が必要だったのです。

「家にいるからできるでしょ?」といったトーンで、そのまま放っておくと、決して良い方向にはいきません。

保護者の声に加え、先生たちからヒアリングを重ねながら、「生徒たちにもう少し余白を与えてください」「そこはちょっと考えましょうか」など声がけしながら修正を繰り返し、宿題の適正量を慎重に見極めていきました。

オンライン授業の課題

立ち上げ当初は、生徒たちの方がＺｏｏｍを知っていて、グループワークで分かれるときには「ブレイクアウトの機能があるよね」などと教えてくれたりしていました。そのうちに「こういう方が面白いんじゃないか」という生徒たちの提案を取り入れる先生も現れて、通常の対面の授業では見られなかった逆転現象も起こりました。

コロナ第1波下のオンライン授業を振り返ると、便利な機能をとにかく使ってみたい、という方へ意識が向きがちだったと思います。

例えば、先ほどのブレイクアウト機能を使ったペアワークが、常に良い方向にいくとは限りません。組む相手がよく知らない者同士だったり、慣れていなかったりするとなかなか機能しないケースが散見されました。同じ理由でグループワークがうまくいかない場面があり、オンラインでのグループワークは、シャイな生徒たちからするとハードルが高いことがわかりました。

もう一つのポイントは、対面では「五感全て」を使って授業をしていたことを、教師自身が認識できたことです。

生徒たちを全身で観察し、受け取っていた情報をベースに臨機応変に授業を進めていたことを、先生たち自身が改めて理解したのです。

対面での情報量がいかに多いか、逆にオンラインで再現できないことがいかに多いかを認識できたことは、非常に有意義なことでした。

結果として、「対面授業ができるようになったらこんなことをしよう」「対面だったらこういうことが気づけたかもしれない」といった振り返りをしながら進めていく体制が自ずと整いました。

それまでは「オンラインではちょっと微妙だな」という場面にぶち当たると、「もっとうまくワークができないか」と他の手法を考えてばかりいましたが、「やはり対面に勝るものはない」という方向でいったん落ち着くことができました。

そのおかげで、

「6月に緊急事態宣言が終わって対面で会えるようになったら、レクリエーションをいっぱい入れるようにしよう」

「生徒同士がお互いに知り合う機会を増やして、7月のオンラインではワークもできるようにしよう」

という方針が、自然と固まっていきました。

悪戦苦闘したコロナ禍前半戦でしたが、このとき「対面のときにある程度の信頼関係を作ってから、オンラインでワークする」という、現在のスタイルがようやく見えてきたのです。

この過程で、生徒たちが想像以上に常に周りを気にしていることも知ることができました。「オンラインになったことで周囲の反応を気にするストレスがなくなり、授業に参加しやすくなった」という声を聞いて、なるほどと思ったのです。

教室では質問しにくいけれど、チャットで先生にパッと質問を送れるのが楽でいいと話してくれる生徒もいました。

対面授業が持つ本当の価値

授業において「教師は五感全てを使っている」という話ですが、重要なことなのでもう少し言及させてください。

対面授業では、「先生！　それわかりません！」と誰かが手を挙げることで、助かっている生徒たちは必ずいます。「そもそもこれってどうやって解くんだろう？」という素朴な疑問を、大きな声で先生に投げかける生徒の存在に、他の生徒たちだけでなく、先生も救われてきたのです。

たとえ生徒から質問がなくても、対面授業なら先生は生徒たちを観察して「おそらくわかってないな」と判断し、さらに説明を加えることができるでしょう。

先生は教室の空気、生徒の様子と顔、動作、姿勢から、総じて生徒の理解度を洞察できます。ですがオンラインでの授業では、そういった機会を取りこぼしてしまう問題が常につきまといます。

視覚情報の少ないオンラインでは、生徒の反応を見極められず、彼らの理解度をうまくキャッチできないのは大きな誤算でした。

先生が画面を共有し、「授業をこうします」という説明に始まり、「では、鎌倉幕府は……」という流れで、全てが淡々と進むオンライン授業。

この一連の流れに対する生徒たちの反応は非常に薄く、教室にいるときのように対面での情報収集とフォローアップができない以上、画面上での刺激、要は視覚的情報の勝負にならざるを得ません。となれば動くアニメーションも良いツールですし、他にもエンタメ的な見せ方、情報を過度に増やすことで集中力を引き出す方法もあると思います。

とはいえ、先生たちはこれまで対面で培ってきた「生徒を観察する目」を武器にしてきたわけで、それが教師たる所以です。その能力がオンラインでは使えない以上、試行錯誤と創意工夫を駆使した取り組みが、これからも必要でしょう。

常に新たな挑戦を積極的に取り入れながら、未来の学校運営を考えたとき、オンライン授業は今後も継続的に進化していくと思っています。

まさにコロナ元年ともいえる激動の２０２０年、それでも学習指導要領の基準をなんとか履行することができました。

同年、幾度か訪れたオンライン授業との切り替えも、非常にスムーズに対応することができたのは、ひとえに先生方の頑張りのおかげでした。

不登校ゼロ、全員参加の授業

試行錯誤のオンライン授業でしたが、予想外の出来事がありました。

中学校の不登校の生徒が、オンライン授業に参加するようになったのです。

これはなかなかの大事件でした。

毎日学校に行って集団で授業を受けることに違和感を持ったり、何かしら理由があって行きたくない生徒は、ある一定数いるものです。

そのような生徒たちも、オンライン授業では自然にＺｏｏｍ内にいることに驚かされました。

事前にオンライン授業も出席として認めると通達はしましたが、おそらくそれとは関係なく、全員が自然に出ていたのではないかと思います。

マイノリティにとって、オンライン授業なら心理的な安心感を担保できることがわかったのです。

思えば、僕たちはこれまで不登校生の安全と安心に関して、適応も具体的な対処もしてきませんでした。

それが、良くも悪くもコロナ禍で学校授業の提供方法を根本的に変えざるを得なくなり、結果として不登校の生徒たちの心のハードルが下がって全員が授業に出られるようになったのだと思います。

その後、再び対面授業に戻ると、今度は「オンライン授業をずっとやってほしい」という不登校の生徒の保護者の方の声が届きました。

「オンライン授業だったらうちの子も出られる。それならば」という気持ちが出てくるのは当然のことだと思います。やはり、子どもが授業に参加していることに、親自身も感動をするわけで僕自身、話を聞くたびに「そうですよね」と頷きながら、これまでお母さん方はとても苦しんできたのだと思いました。

オンライン授業への感謝だけでなく、継続してほしいという要望の手紙も多くいただき、僕自身もこの件をきっかけに、学校のあり方を今までになかった視点で考えるようになりました。

例えば、「普通に学校に行く」という「普通」が、普通じゃないというメンタリティを生みだしてはいないか？

一部の生徒たちを傷つけてはいないか？

普通科そのものが不登校の生徒たちを邪魔してはいなかったか？

もしかすると他の学校でもこういったことが起こっているのではないか？

これまで当たり前だと思ってきたことに対して「本当にそれでいいのか？」という問いを持つようになりました。

結果、〝全員が学校に来られるようになりました〟となったのかというと、実際はそんなに簡単な話ではありません。

最終的に学校へ来られるようになった生徒、オンラインなら参加できるけれど対面授業は難しいとわかったという生徒、そのどちらもいます。

学校としてオンライン授業の継続を検討するにも、日本の普通科高校の単位認定でいうと、出席点がないままの授業構成では成立させられないという制度的な課題が立ちはだかります。

そんな学校の制度云々の話よりも僕が思うのは、なにより当人である生徒たち自身に、思うところがあっただろうということです。

今回、これまで学校に来られなかった生徒にとって「オンライン授業には出られる」「普通科は難しくても、通信制なら学びを継続できるかもしれない」という気づきを得たことは、自分自身の新たな可能性に光が当たるきっかけになったと捉えています。

僕たちは、これまでそういった実験さえもしてきませんでした。ですが期せずしてコロナ禍によって、このような試みが実現したのです。

新型コロナウイルスの影響で世界も社会も揺るぎ、かつてない出来事の連続で、苦しいことが増えました。と同時に、これまでの定義や概念を改めて考え直す機会に恵まれていることを痛感しています。

こういった思索の波は、たとえコロナが終息したとしても、時代とともに加速していくと思っています。

第5章

30代の〝後天的〟リーダーシップ論

「リーダーは楽しい」と僕が言い切れる理由

ひと昔前は、出世することが〝社会的善〟とみなされたこともありました。ですが今の30代、例えば友人たちと話していると、なぜ僕が校長になったのか理解できないという声が多かったりします。

同時に、「なぜ、こんな時代にリーダーになったの？」とも聞かれます。

考えてみれば、確かにそうですよね。

失われた30年とも言われる経済低迷がいまだに続く中で、一向に回復する兆しは見えず、少子化は全く改善されず、それでも働き方改革や多様な価値観による変化を超え、さらに成長を要求される社会。

欧州において戦争状態に陥り、アジアでは軍事政権が……こんな時代、僕たちは経験したことがありません。

これからのリーダーは価値観が違う人々をまとめて、結果を出すことが求められます。なかなか大変です。

僕は、２０２３年度で39歳になります。大阪では今もダントツの若手ですが、全国においても珍しい年齢の校長かもしれません。

33歳で校長の公募に手を挙げてからの34歳着任でしたが、当時、自信があったかと問われると「ありました」と言い切ることは決してできません。

「管理職なんかになったらストレス溜まるよ」

「管理職は面白くないでしょう？」

そうですね、一理あります。確かにしんどいときはありますね。同時に、そういう言葉を聞くと、皆さんの知るリーダーは、しんどそうにしていたり、面白くなさそうなんだろうなぁと想像します。

ですが、僕にとってのリーダーは、思っている以上に「楽しいこと」が多いんですよ。

こんなに楽しい仕事、他にあるのか？　などと思うことがあるくらいです。

楽しんでいるリーダーや、管理職の本をなかなか見かけませんが、そういう本があってもいいんじゃないかと思います。

そう、僕に言わせると、リーダーは「楽しい」のですよ。

「ええ？　一体何が楽しいの⁉」と聞かれると思うので、先に答えを言うと「リーダーになると、強制的に〝与える側の人間〟になれるから」というのが僕の答えです。

与える人、もらう人で言うところの、「与える」人です。そう言ってしまうと、リーダーはお節介な存在と言えるのかもしれませんが、僕はこの点に非常に高いインセンティブを感じているのです。

誰かの良いところを発見してフィードバックすると、誰かが喜ぶ。

先生や生徒、保護者の方々……誰かが喜ぶきっかけを作ることができるリーダー業は、僕にとって最高に幸福な仕事です。

与えたくてしていることなのですが、結局は誰かの笑顔を「もらう」人になっていると思うと、人生って面白いですね。

プレーヤーと管理職で変わる幸福度

もし、あなたが「チームの成果を出すために指揮をとり、組織の前に立つ存在」がリーダーだと思っているのであれば、僕のリーダー像とは少し違うかもしれません。

僕からすると、組織より前に出て目立つポジションでは決してありません。リーダーは、「目に見えない」成果の方が実に多いのです。

例えば、先生たちが修学旅行の企画を思いついて、実行したとします。実際に行ったのは先生たちプレーヤーであり、まさに立役者。リーダーの存在は誰の目にも映りません。ここに目に見えない美徳があります。

そもそも企画を決行するか、しないか。その意思決定のトリガーを引くのがリーダーの役割であり、僕が最高に楽しさとやりがいを感じる点なのです。

10年近く教員をしていたときも、もちろん楽しかったですよ。ですが、学校を運営する校長を経験して言えることは、「プレーヤーよりもリーダーの方が、楽しい範囲がぐんと広がる」ということです。

プレーヤー時代に、最終的にリーダーとは何をする人なのか？　と問うようになった結果、「リーダーの方がより広い範囲で幸福を伝播できる」と判断するに至ったのです。

何かしら成し遂げた人がインタビューで「自分の力だけじゃなかった」と話すのを聞いたことがあると思います。

この「だけじゃない」というのが、リーダーの担う部分です。

リーダーは、現場から上がってきた提案にGOサインを出せるし、受動的な意思決定だけでなく自ら提案もできるし、最終的な責任を負うこともできます。

要は、〝全部〟できる。

僕が「リーダーが最高に楽しい」と言い切れる最大の理由がここにあります。

そういうわけで年齢に関わらず、リーダーを経験することは非常に価値がある選択だと思っていて、30代の過ごし方によって40代がより楽しく、50代ではさらに、60代は……などと妄想を膨らませては楽しんでいます。

「責任を取る」という言葉に深刻にならない

あるとき、「〝全ての責任を負う〟って、すごくいいなぁって僕は思っているんですよ」と話したら、「……そうですか?」という微妙な反応をされたことがあります。

そのとき、(あれ、他の人は違うのかな?)と思いました。

もしかすると「責任を負う」という考え方が違うのかもしれません。この言葉がどう捉えられるかわからないのですが、僕の場合は究極、全ての責任を負いたくなるんですよ。

前提として、誰しも絶対に失敗するような意思決定はしませんよね? もちろん僕もそうです。

例えば、コロナ禍において、多くの人に修学旅行に行きたいという気持ちがあるとします。

「じゃあ僕が許可するよ」という一言でそれが実現するのなら、全部引き受けたい。これが僕のスタンスです。

じゃあ、この一言にどんな責任があるのかというと、僕からすればそれこそ人生を揺るがす責任は見受けられないわけです。あえて雑な言い方をすれば、単に修学旅行に行くだけです。

誰かが意思決定を望んでいて、誰かがいいよという。すると決行できる。それだけです。

僕は「責任を取るから行っておいで」と送り出します。


ではどんな責任が発生するかというと、想定として「コロナ陽性が出ました」となるかもしれません。

ならば、その状況に迅速に適切に対処するのみです。この場合、アナウンスをして、隔離をして……となるかもしれません。それが責任を取る、ということだと僕は思っています。実際にできることはそれくらいではないでしょうか。


マスコミ報道などの「責任」という言葉の重苦しいイメージをお持ちの方がおられるかもしれませんが、多くのリーダーたちは、そんなにドラマティックでセンセーショナルな責任を日々迫られているわけではありません。どちらかといえば、細やかでささやかな意思決定の方が、実に多いものです。

それに辞めることで責任を取る、あるいはさも取れているかのような風潮を感じますが、僕からすれば、それこそ何の責任も取っていないように見受けられます。

失敗したら素直に認め、何ができるか考え、現場の力を借りて全員で前に進める。迅速にできることを余さず行う。責任を取る・取らないを語るよりも、事態に適切に対処する方が、僕にとっては重要です。

このように考えていくと、責任を取るという言葉はそれほど怖くはありませんし、ましてや責任を取ることで、人生が終わったりもしません。

少なくとも僕自身はそう考えているので、自分が意思決定することで誰かの笑顔が見られるのであれば、これからも喜んで責任を取っていきたいと思っています。

20代、30代のリーダーが持つ最大の醍醐味

今の学校と教育現場に、若い年代の校長や管理職といったリーダーが増えることは、生徒の未来、ひいては国の未来にとって有益です。

なぜなら、50代、60代でリーダーになることと、20代、30代でリーダーになることの一番の大きな違いが「未来に責任を負えるか負えないか」にあるからです。

ここでいう責任とは、〝自分ゴト〟として関われるかどうか、という意味です。

例えば、60代の校長に対して「20年後の国と環境がこうなので、ここを変えましょう」と提案したとき、自分不在の未来に関わる意思決定に対して腰が重くなるのは、ある程度想定できるのではないでしょうか。

でも僕たちは、その頃もまだ現役です。選択の結果を未来の現場で受け取ることができます。今の20代、30代のリーダーは、やってきたことの答えを「未来で」受け取ることができる世代なのです。

現在取り組んでいる教育が、20年経って評価されるかもしれないし、その逆かもしれませんが、「こうすることで生徒たちはこうなった」「こういう未来になった」など、これまでの教育界になかった質のエビデンスが取れるということです。

この事実を、僕たちは重責という〝プレッシャー〟にも、〝やりがい〟にも転化できると思います。

僕でいうと20年後はまだ50代。

してきたことの結果を発信することができることは、大きな強みです。

こういった長期的な検証実績を共有することが、ゆくゆくは未来の国の教育現場をより良くする力として活用できるんじゃないかと考えています。

僕が「リーダーは楽しいよ、一緒にやろう」と言い続けているのは、こういう理由もあるのです。

同じ道をゆく同志は、一人でも多い方がいいですからね。

学校の垣根を超え、同志で学び合う時代へ

前任校でさまざまな研修に参加し、出張に行っては刺激を受けていた２０１７年、近畿大学付属中学校高等学校の神野学先生と共同で、関西の社会科の先生たちを集めた自主的な学びの会（関西21世紀社会科の会）を立ち上げました。

教育界の先輩方から多くの刺激を受ける中で、自分でも何か主催しながら同志たちと情報を共有したいと思ったからです。

この会には、教科教育をより良くしようと考える関西の社会科の先生が、各地から集まっています。「21世紀に生きる子どもたちに必要な学びとは何か」を主題に、今まで10回（定期イベント8回、特別イベント2回）開催、のべ２００名以上の先生が参加しました。

当初考えていた、教科教育をより良くする目的の域はすでに超えつつあり、現在は日本の教育そのものを考える組織として成長しています。

「日本の教育が良くない」「教師の質が悪い」「教育界がダメだ」などなど、さまざまな矢が今の日本教育界に飛んできます。

しかし、ここで出会う先生たちは、本当に日本の教育を良くしたい、変えたいと考えて行動しているのを僕は知っています。

日本の教育を良くしたいと考えている人は、想像している以上にいるんです。そうです、日本の先生は捨てたもんじゃないんだ！　と大声で叫びたいくらいです。

「自分の学校さえ良ければいい」という時代は、すでに終わっています。

これから日本はとてつもない人口減少時代を迎え、今後50年は全員で難局をしのぐことになるでしょう。

２０７０年あたりで、人口が５０００万人レベルとなったとき、初めて少子化から転じることが想定されています。

そのときまでは、僕たちで力を合わせて耐え凌ぐ時代が続きます。

この苦しい時代を支えるのが、間違いなく「教育」だということは、誰の日にも明らかであります。

青臭く聞こえるかもしれませんが、みんなでアイデアを出し合いながら、教育界が50年をしっかり牽引することができる。そんな先生たちが学び続けられる組織を継続していくつもりです。

これもまた、僕の夢であり、未来への原動力になっています。50年後……僕は88歳か。まだその世界を見られるかもしれないな……見たいなあ。そう思っています。

「リーダー的な素質」を過信しない

昨今、意思決定に影響を及ぼすことで知られる「メタ認知」という言葉があります。

自分が認知していることをより俯瞰的に認知するという意味の認知心理学用語の一つで、もともとアメリカの心理学者であるジョン・H・フラベルが定義付けた概念であり、1970年代にその用語が初めて使われました。

客観的に自分自身を見つめることに繋がるので、もう一人の自分が頭の中にいるような感覚に近いかもしれません。

ただし、メタ認知能力についての記述だけでいえば、ギリシャの哲学者アリストテレスの時代にまでさかのぼる必要があります。

この「メタ認知」という用語は、最初こそあまり浸透しなかったものの、研究が進むに連れて一般的にも知られ、ビジネスや教育の分野においても重要な能力と認識されるようになりました。

「認知」とは「自分の外側にあるものを知覚し、それがどのようなものなのかを判断あるいは解釈すること」で、その中には理解や思考、記憶などが含まれます。

また「メタ」には「高次の」という意味があり、直接的にまとめると「自分が理解したことを高次の視点から理解すること」がメタ認知となります。

一般的にこのメタ認知が高いと「リーダー的な素質」があるといわれます。メタ認知が高い人は、周囲と適切な距離感を把握し、周囲への配慮もしつつ、円満な人間関係を築くことができるというわけで、確かにリーダーに向いているといえますね。

まとめると、「メタ認知が高い人ほどリーダーの資質があり、トップダウン式に向いている」という話です。


でもね、水を差すようで申し訳ないのですが、僕はそれで全てうまくいくとは到底思えないのです。なぜならメタ認知の逆にあるもの……例えばある種の無謀さ、扱いにくさ、無骨さなど「組織において都合の悪いこと」のおかげで、新たな突破口が見い出され、ひいては生産性を高める原動力となるケースがあることを経験的に知っているからです。

こういった方々は、組織において常に叩かれがちです。

なかなか日の目を見なかったりするのですが、猪突猛進的な人間や、扱いにくい人間が、組織の新たな可能性を引き当てるのを幾度も経験してきた僕からすると、「メタ認知もほどほどにしておくことは間違いじゃないな」なんて思っています。

僕は、組織がトップダウンであろうがボトムアップであろうが、「誰を豊かにするのか、幸せにするのか」を理解して意思決定されることが、最も重要だと考えています。

インタビューを受けると「組織で意思決定するならトップダウンか、ボトムアップか?」としょっちゅう聞かれるのですが、僕が「どちらでもいいんですよ」と答えるのはこういう理由からです。

人のせいにしない・逃げない校長

改めてリーダーシップとはなんぞや、という話ですが、実をいうと僕もよくわからなかったので、辞書で調べてみました。

「指導者としての地位または職責。指導権。主導権。」（広辞苑）

これを読んで、少しビックリしてしまいました。自分に主導権がある！　と思ったことが一度もないからです。もし主導権を持っていると勘違いして、他者を〝指導〟なんてしようものなら、そのリーダーは軽蔑され、組織として機能しないなんてことも起こるでしょう。とはいえ、実際にそういう組織は割とあるのではないでしょうか。

もう一つ、別の辞書でも調べてみました。

「**指導権。指導的地位。指導力。統率力。**」（大辞林）

僕の考えるリーダーシップに関していうと、ここにある指導力や統率力を持っていることに近い感覚です。

さらにいうとリーダーとは、地位や主導権を持っている人ではなく、指導力や統率力を問われるというよりは、〝圧倒的な当事者意識〟を持っているかどうかだと考えています。目の前にある困難を誰かのせい、環境のせい、他責にしない。僕が見てきた優れたリーダーたちは全員そうでした。

ある校長Fの話です。

着任早々の4月上旬。引き継ぎもままならない中、3月末のいじめ事案を対応することになりました。

このいじめ事案は、かなり複雑な状況になっていて、とても解決には程遠い状況だったといいます。それでも早々に自らが率先して問題解決に参画し、誠実な対応を続け、約1年かけて見事に解決へと導きました。

その間、よくお会いさせていただいていましたが、一度も他責したことを見たことありません。その事案について尋ねても、その校長は、笑いながら「もう少しだよ」と1ミリも前任者のせいにされませんでした。

他者から見ると、明らかに前任者の対処が悪かったと思われる事案でした。被害を受けた保護者からも怒りの置き所とされ、正確な情報もままならない中、常人では心が持たない状況だったと思います。

それでもやり遂げることができたのは、向き合い続ける強さが関係しているのではないかと思いました。少し時が経って、当時の精神状況を本人に直接聞いたことがあります。

池　田「なぜ前任者を責めなかったのですか？　愚痴でもこぼしそうな事案でしたが」

校長F「いやー、大変だったな（笑いながら）」

池　田「大変すぎますよ」

校長F「なぜって言われてもなー、それも含めて私が指名されたんだよ」

真のリーダーとは、「逃げない人」のことだと僕は思います。

そうはいっても、時には逃げなければならない場合もあるかもしれませんし、誰でも逃げる権利はあります。ただ、真のリーダーシップというものがあるのなら、圧倒的に「当事者意識」でいられるかどうかを問われるのではないかと思ったのです。

「問題＝自分ゴト」という意識は、許容する人間の器と連動し、時に前任者も救うことがある。そのプロセスを、このとき見せていただいたように感じました。

「こんな校長になりたい」

そう思った20代半ばのことでありました。

どんな問題でも解決方法は一つ

僕が校長になってすぐ、まだ現場で未熟なリーダーか否かを品定めされていたとき、ある先生に話しかけられました。

「先生、本校は今、問題が多すぎて解決できないと思いますよ」

そんなに多いの？　本当に？　それは大変だ！

トラブル解決はリーダーの重要な役割です。校長ですから、当然対処しなければなりません。

人によっては憂鬱な気持ちになるかもしれませんが、僕の場合、ここでワクワクしてしまいます。

さらにはムクムクと解決したい欲求が出てきました。なんといっても、僕はトラブルを解決する方法を知っているのです。

教えましょうか？　それは……


「逃げずに向き合う」ことです。


話がシンプル過ぎますか？

いや、僕は究極的にはこれが一番「正しい」と思っているのです。

〝逃げずに〟というのは、どんな状況からも目を逸らさず、自ら関わる態度。

〝向き合う〟とは、客観性をもって現状を把握し、「一致」を実現する行動です。

さまざまなトラブルの根幹は、言い換えれば、「人間同士の利害の不一致」です。僕はリーダーとして、学校の全ての問題、いわば全ての「不一致」から逃げずに向き合わなければなりません。

もし、「理想の教育を実現するために学校を変えていきましょう」という話であれば、その現場に関わる人たち全員の「理想の教育」とは何かを聞き、正確に抽出することに、最も時間をかけるでしょう。「改革者にとっての理想の教育」と、「現場での理想の教育」は違うでしょうし、もっというなら、現場の先生たち一人ひとりに理想の教育があるはずです。

このすり合わせを割愛し、スピーディに変えようとすると、十中八九の確率で「利害の不一致」が起こります。

現場の教育推進を行う権力者と、現場のメンバーの間に「利害の不一致」があると、何が起きると思いますか？

権力者は現場に、現場は権力者に「理想の教育を阻害された」と思い、軋轢が起こります。結果、理想の教育を押し付けられた現場メンバーが疲弊し、離脱していくのです。

これは教育推進を行う権力者がよく陥るパターンであり、おそらくさまざまな学校で起こっている事象ではないでしょうか。リーダーが現場に向き合わないと、このようなことは簡単に起こります。

要は、リーダーが独りよがりの理想を求めるがあまり、それがうまく進まない責任を現場に押しつけることで、こうなってしまうのです。

理想を持つのは悪いことではありません。

しかしそれは、あくまでも現場の実態をベースに議論しながら見つけるものであり、改革推進者と現場関係者が目指す「理想」が重なり合う部分を丹念に抽出し、ようやくたどり着く姿なのです。

僕は学校現場に起きていた「不一致」と向き合うために、一人ひとりとミーティングを行い、地道に話し合いを続けました。

必要とあらば、前任の権力者には出向していただき、役職を降りてもらったりもしました。いじめ事案には、とにかく生徒を前提にすることを貫き、問題解決を目指して地道に働きかけ、かなり時間はかかりましたが最終的に収束に至りました。

異なる分野だったり、一見全く違う問題だったとしても、実質起きていることは「不一致」です。もし、根本から問題解決をしたいと思うなら、起きていることから目を逸らさず、その声を聞き、起きていることに向き合うしかありません。

不一致から「一致」させられるかどうか。ここに尽きます。

「逃げずに向き合える」力のありか

本校の管理職に2人の女性がおられるのですが、この人たちは、全く逃げません。

どんな困難が降りかかろうが、問題を解決するために奔走します。そんな彼女たちの立ち振る舞いは誰からも尊敬され、現場の先生方は、その姿に心底惚れています。

〝男性〟と何が違うのだろう？　いやいや、これは男女の問題ではなく個人の資質なのか？　数年もの間、彼女たちを見つめて辿り着いた、僕なりの一つの見解があります。

「とんでもない非ロジカルな母性がそうさせる」のではないかという仮説です。

これはどんな案件であれ、自分ゴトにできる能力という言い換えが成り立つのかもしれません。

学校で問題が発生した際、この領域は部長領域だなと思うことも一緒になって考える姿は、まさしく母性。

確かに本校は、シスターが創られた学校です。その息吹をいまだに残しているのだとしたら、学校の文化というものは、そんな簡単になくなるものではない。改めてそう思い知りました。

ところで母性とはなんでしょうか。ある看護用語集にこのような記載がありました。

母性は、女性に先天的に備わっている形態・機能、そして成長過程で精神的・経験的に獲得する子どもや次世代を育てるための特性のこと

「次世代を育てるための特性」というワードには驚かされました。

確かに2人の女性管理職を見ていると、現場の若手教師の話に、非常に共感的に寄り添いながら聴

いているのがわかります。まさしく、「育てるため」に。

一般的な「母性」の定義ですが、なかなか興味深いものです。

「現場が悪い」他責のリーダーに気をつけろ

「逃げない」考えで対応していった結果、校長になって一年経たないうちに、「問題」と思われていた問題の多くが解決しました。自分がやったことが正しかったかどうか常に見直し、裸の王様にならないよう、細心の注意を払いながらの日々でした。

リーダーの逃げ道は、「現場が悪い」と言い切ってしまえる立場にあります。

時折ビジネスの現場でも、業績悪化を現場の責任として押し付けたり、投げ出す場面を見かけます。

この前見ていたニュースで、ある社長が「社会の変化に対応できなかった」と倒産の原因説明をしていて、リーダーシップとは何だろうと思いました。

もちろんこの社会においては、誰かに足を引っ張られたり、社会的な大きな変化も多々あり、全てがリーダーだけの責任だとは思いません。

しかし、僕が見てきた優れたリーダーたちは、一切そのようなことを発せず、淡々と現状理解に務め、課題発見に時間を使い、解決に向けて行動する人ばかりでした。

だからといって優れたリーダー＝優れた人格者かというと、決して聖人ではなく、人間離れをしていたわけではありません。ですが、「自分が責任を負うということは何か」を、わかっている人たちでした。

起きていることは誰のせいでも、環境でもなく、自分自身の問題だと捉えている人たちです。

散見される〝偽物〟のリーダーたちは、責任を引き受けながらも、理想に近づけていく工程をすっ飛ばして美味しいところを探し回るものです。

「ＩＣＴが今ブームだからやりましょう」と進めたのはいいけれど、現場との齟齬を生み、結果的に生徒たちの利益にもならない改革になった……という改革もその一例です。

時には責任を負える立場であるにもかかわらず、責任を現場になすりつける人なども見かけますが、圧倒的他責とでも言いましょうか。厚顔無恥なリーダーも多い世の中であるのもまた事実です。

もしかしたら自分を変えるのが苦手なのかな？　などと推察しますが実際はどうなんでしょうね。

僕は組織が前進して理想に近づくのなら、なんだってしますよ。

極論、多少の思想を曲げてでも、現状がより良くなる判断を基に、前進することを優先させると思います。

それこそが自分にとって最も重要ですからね。

理想を目指していたときの苦悩

今だから話せることなのですが、校長になりたての頃の僕は、私心を捨てることに執着していました。というのも、「真のリーダーであれば、私心は皆無だろう」と考えていたからです。敬愛する京セラを創設した故・稲盛和夫氏が、「私心」について語っています。

何かを決めようとするときに、少しでも私心が入れば判断はくもり、その結果は間違った方向へいってしまいます。人はとかく、自分の利益となる方に偏った考え方をしてしまいがちです。みんなが互いに相手への思いやりを忘れ、「私」というものを真っ先に出していくと、周囲の協力も得られず、仕事がスムーズに進んでいきません。また、そうした考え方は集団のモラルを低下させ、活動能力を鈍らせることにもなります。私たちは日常の仕事にあたって、自分さえよければという利己心を抑え、人間として正しいか、私心をさしはさんでいないかと、常に自問自答しながらものごとを判断していかなければなりません。

（出典：稲盛和夫オフィシャルサイト「私心のない判断をする」
https://www.kyocera.co.jp/inamori/philosophy/words21.html）

最近、この「私心を捨てる」ということがどういうことか、あの頃の自分を少し違った角度で見られるようになりました。

当時の僕はとにかく一生懸命、私心を捨てることに努めていました。

自分の感情を抑えながら優しく対話をしていこうと、キリスト教でいう聖人を目指したのです。おそらく真のリーダーになりたい欲求があったんでしょうね。結果から言うと、全くなれませんでした。僕は、稲盛さんのような理想の経営観を持ちたかったのに、徐々に経営者としての「鬼」の一面を自分に見て取るようになりました。その「鬼」はあらゆる面で表出してきました。

学校のためにならない先生に人事異動してもらい、学校のためにならない取り組みをやめるたびに、自分が「邪悪」な存在に思えました。采配で良い評価を受けても、僕からすると自分の「邪悪」な部分によっていただいている評価のように思えてなりませんでした。

ひたむきに教育に向き合う聖人のような先生方を見て、自分を情けなく思うことも度々ありました。

そんな教職員の方々に、「学校がすごく良くなっている」と多くの声をいただくようになって、ようやく気づいたのです。

結局、その「邪悪」だと思っている自分の心こそ、「私心」だったと。

人間は、弱いものです。いい人でいたい自分がいたり、やめると言い出すことの怖さがあったり、いろんな感情が入り混じります。全ては「自分のため」です。

僕にとって、私心を捨てることは本当に難しいことでした。

今は、自分に「邪悪」があることを十分に理解し、その「鬼」を捨てようとせず、静かにその「鬼」を見守る自分になることが、僕なりの「私心を捨てる」ことなのだろうと思うようになりました。

この学校のために何ができるのか、何ができているか。これらを自分への問いとして、今も持ち続けています。

凡人ほど開花する「後天的リーダーシップ」

校長というリーダーを任せていただくようになって、丸4年。意外と続いていますが、最近こんなことを言われました。

「先生はもともとリーダー向きだったの？」

さて、どうなんでしょうか。僕を知る中高時代の友人たちに、ぜひ答えてほしいものです。ちなみに中学校の担任の先生（母校の現副校長）には、「お前が校長になるなんて想像もできなかった」と言われました。

そりゃそうですよね。誰か僕がリーダーになる姿を想像していたという人がいたら、お知らせください。自分自身でも思いますが、リーダーに向いていたかと問われると、きっと向いていなかったでしょう。

どちらかと言えば、クリティカルな人間だったし、天邪鬼で人と違うことを言ったり行動したりしていたので、どうも向いていないように思えます。

反面、自発的にやりたいものは、何がなんでもやるタイプで、やりたいことの中には「みんなでやること」も含まれていました。個人でやりたいことは、自分次第でやれますからね。

とはいえ、チームで行う場合は、さまざまな困難があります。

リーダーシップがあるというのは、結局のところ、個人ではなく、チームでどれだけ結果を出せるかということであり、リーダーの力量は、人にどれだけ動いてもらえるかというところに尽きます。

プレーヤーとして仕事ができることと、リーダーとして人を動かして結果を出すことは全くの別の話です。それでいうと、「チームでやることが楽しい！」と心から思えるようになったのは、20代後半くらいからでした。

その醍醐味を教えてくれたのが、当時の生徒たちです。

昔の僕は、どちらかというと〝強いリーダーシップ〟を勘違いした教師で、さまざまな企画をクラスで取り組み、「他校からもいろいろ見に来てもらえるような実践をしている！」などと息巻いていました。

それがあるとき、あまりにも仕事が増えすぎて、パンク寸前になっていました。だって校務分掌やら委員会やら、組織図を見ると8個くらい名前が入っているのです（完全に愚痴です）。このときは少し手放そうという話になり、ある企画を生徒に任せるようになりました。

本音を言うと、このとき自分が〝弱いリーダー〟になった気がしていました。

あらゆることを、「いいよ」というだけの仕事。ちょっとトラブルが発生したら、そこに（忙しかったのでちょっとだけ）介入し、問題を整理することくらいです。

その間、どんどん生徒がプロジェクトを前に進めていきました。

するとどうでしょう。僕の想像より何倍も素晴らしい、非常に見事な企画ができ上がったのです。

僕は言葉にできないくらい、感動しました。

自分の想像を軽く超えた仕上がりを目の当たりにした瞬間、チームで取り組む強さと、個人の限界を認識させられたのです。

「なんて素晴らしいんだ！」と伝えると、生徒たちは、「先生が見守ってくれていたのを感じたので、思いっきりできました！」などと言うのです。

僕の何十倍も、人間力を感じる言葉でした。

このときの体験をきっかけに、改めてリーダーシップ・マネジメントを意識的に学ぶようになりました。

ゆえに、もし僕にリーダーシップがあるとすれば、明らかに後天的なものといえます。

もっというと、凡人の方がリーダーに向いているように思います。

〝良いリーダー〟の資質は、「凡人」にあり

リーダーとは〝秀でている、非凡な人〟というイメージを持ちがちですが、僕からすると全くの逆で、凡人の方が良いリーダーになる資質が高いと思っています。

なぜなら異能・非凡な人よりも、「共感性理解」が圧倒的に高いからです。

非凡なリーダーは、その優秀さゆえに共感性理解が低く、本人にそういうつもりが全くないのに、どうしても現場とズレやすくなる傾向があります。僕自身、実際にそういう現場を何度も見てきました。見ているとうまくいっているリーダーは、現場の人たちが何を思っているのかをよく理解しているんですよね。


「自分は凡人だ」と思っている人には、人に共感できる感性があります。

「こういうときに嫌な気持ちになる」を実体験として知っている人は、同じような想いをを持つ誰かの心を理解できるリーダーになれると思いませんか?

おそらく言葉の言い回しやタイミングなどを考えて適切に働きかけることのできる良いリーダーになれるんじゃないでしょうか。


異彩を放つ非凡な人は、その才ゆえに目立ち、もてはやされる傾向がありますが、一緒に働いている人が「自分の気持ちはわかってもらえないだろうな」という気持ちで8割になってしまったら、現場もリーダーとなった本人も苦しいと思います。

そういう面でいうと、学校は凡人リーダー向きの環境でしょう。企業であれば、目標達成度によっては給与に差し障るでしょうし、そうなれば具体的に売り上げという成果を叩き出せる異能リーダーに優位です。

対して学校における目標数値は、チームでの取り組みの数や幸福度といった指数が多く、そもそも売り上げは競わず、お給料もあまり変わりません。

どちらかというと数字で結果を出すのが得意な人より、共感性があり、感情的な要素を持ってアプローチができる凡人のリーダーの方がうまくいく。そう考えています。

魅力的なリーダーってどんな人？

結論として、異能であろうが凡人であろうが、どちらも必要な存在であり、全てはバランスという話です。

数値成果を求められる企業では、〝異能リーダー〟が脚光を浴びやすいかもしれませんが、共感性理解を発揮してみんなの幸せを考えることのできる〝凡人リーダー〟も一定数いないと、みんなが息苦しくなってしまいます。

人が集まって共に働く限り、「結果さえ出せばいい」というのは、聞いているだけでも厳しい話ですよね。

逆にチームの安心・安全の中で新しいアイデアが出てきて、全員でそれをやっていくというリーダーがいていいし、それこそ学校、企業問わず、今求められている人材ではないかと思います。

ただ、気をつけていただきたいのは、マネジメントとリーダーを混ぜて考えている人が意外と多い点です。


マネジメントには目的があり、そのための目標を設定して、どう実現させるかを管理する。対して、リーダーというのは、僕からすると「行動してみたいな」と誰かに思わせる人であり、なんというか非常にパッショナブルな役割なんです。

人に「なんとなくあっちにいきたい」と思わせる人、それが僕の思う良いリーダーなのですが、そうなると感情に根ざした部分、まさに共感性にリンクしている感性を持つ凡人リーダーの得意な領域の話になってきます。


そもそもカリスマ性のあるリーダーでないと変えられない組織があるとすれば、その方がかなりまずいと思います。

意地悪な言い方になりますが、裏返すと「誰かに決めてほしい」という思考停止の組織と言われても言い返せないのではないでしょうか。

そもそもリーダーに圧倒的な指導力って本当に必要なんでしょうか。僕が凡人たる所以かもしれませんが、素直に疑問に思います。

現場に耳を傾け、人の話を聞き、いつの間にかみんな向かう方向が揃っている。誰一人取りこぼさない。

そんなリーダーがいいなと考えていたら、領民から「でくのぼう」を意味する「のぼう様」の愛称で好かれていた忍城《おしじょう》の城代、成田長親を描いた『のぼうの城』を思い出しました。僕が見たのは、書籍原作の映画だったと思います。

彼は非常に魅力的で優れたリーダーでした。思わず見入ってしまう面白い作品なので、未見の方はオススメです。

価値ある議論で人はアップデートし続ける

本校で毎週月曜に行っている管理職会議は、僕にとって会議以上に重要な時間です。

校長になって以来、会議の前提として「議論に価値がある」ことを全員が認識しましょう、と話し、先生たちの議論する抵抗感が極力減るように注力してきました。

その上で多岐にわたる内容を「心理的安全性」を持って話し合うのが、僕の目指す会議のあり方で、今ではほぼ実現できています。


「否定しないことを前提に会議を進めよう！」と謳う書籍もあり、否定しないことでアイデアを出しやすくなることをメリットに挙げる方もいると思います。もちろんそれも一つの方法です。

もしアイデアを出し合うだけなら十分だと思いますが、その後の行動を伴わせるためには、「互いに敬意を持ちながら、同意も否定もできる」ことが必要不可欠だと僕は常々考えています。

なぜなら、発言することが自分たちの覚悟と責任に繋がり、それが各自の今後の行動指針に繋がっていくからです。


このような場所においては、否定しないことよりも、否定も含めた「違い」を認めて、粘り強く議論することが最も重要であり、批判的思考とは、見かけの良さに惑わされず、多面的に捉え、その本質を見抜くことだと思います。

会議の一例として、初期のオンライン授業移行に関する議論の一部をご紹介します。

【2020年4月の議題・オンライン授業への移行】

A「オンライン授業に関して議論しましょう。皆さんのお考えをお願いします」
B「本当にできるのでしょうか。先生方に負担もあります」
C「オンラインだと授業日数にカウントされません」
B「年配の先生方から不安の声も上がっています」
C「授業日数にカウントされないのであれば、要録にかけません」
A「難しいという見解ですか？」
B「難しいのではないでしょうか？」
A「どのあたりが難しいでしょうか？」
B「教員の負担です。またオンライン会議システムに関してもうまく機能するか全くわかりません。」
C「分散登校はいかがでしょうか？」
池「どのくらいの何が負担になりますか？　何か機能しなくなる可能性がありますか？」
B「オンライン用の教材研究もありますし、そのスキル獲得などにも負担がかかります。また全国的にネット負荷が高まっていて、遅延等の可能性があります」
池「なるほど……」

この段階での仮説として、オンライン授業に関するネット環境と授業日数確保、教員負担という点で、やや反対に近い形での議論となりました。

一見すると否定的なこれらの意見は、この後、非常に有益な議論に発展しました。というのも、少なくとも現場での3点の問題意識が共有されたからです。

①ネット環境などによる授業中断によるリスク意識
②授業日数を確保しなければならないという教務的な意識
③教員の負担という労務管理的意識

果たしてこれは、この緊急事態の日本においてどれほど優先されるものなのか？　この後さらに検証していきました。

①ネット環境などによる授業中断に関して

授業中断の事態があり得ることを、生徒及び保護者に対して理解を得る必要がありました。

ここで重要なのは、それぞれ管理職が何を思うかです。例えば授業中断が発生すれば、当然クレームとして対応することが出てくるでしょう。最終的に僕（校長）がどこまで背負えるかを明確に伝えることが重要です。

②授業日数に関して

文科省の指示に従いながら、備考に記載することを確認しました。

このような緊急事態であれば、当然フレキシブルな対応が必要ですが、行政はなかなか結論を出すことがありません。というよりも、おそらくできないのでしょう。よって校長の権限について規則の隅々まで目を通し、どこまで運用できるのかを判断する必要があります。

この運用で正しいかどうかを、文科省関係に確認しながら丁寧に法に則って進めることが生徒や保護者に不利益を出さないことに繋がります。

③教員の負担に関して

在宅勤務を認め、移動時間等をできるだけなくし、教材研究に時間を当ててもらうことを確認しました。

４章でも触れたように、車での出勤を可とすることで、リスクとして浮上してくるのが労災ですが、この点は顧問弁護士及び本校加入保険などを見ながらの決断になります。

このようにまとめてみましたが、実際のところ内容よりも本質的に大切なことは、「なぜオンライン授業を行うことが必要なのか」を全員で考えながら議論を進めていく態度です。

他校でも、オンライン授業を即座に決定し遂行した学校も、全国で多かったと思います。素晴らしいことですが、端的に「オンライン授業」というテーマ一つにしても、おそらく現場ではさまざまな意見や考え方があったと思います。

例えばオンライン授業に関して、生徒が自宅にいるわけですから保護者は責任者として家にいたいという気持ちが働きます。よって、ご家族に負担をかけてしまう可能性についても僕たちは考えます。人の気持ちを想像し、受け取り、それでも決断していくことも、リーダーシップに含まれると思っています。

僕は学校のいかなる運営も、〝目に見えない誰か〟からの支援によって常に成り立っていると認識しています。

コロナ禍に本校でオンライン授業が早々に実現できたのは、この判断を受け入れることを決断した保護者の方々と生徒たち、そしてたとえ顔を合わせたことがなかったとしても、学校運営に関わってくださっている全ての人々の協力があって実現し、成り立ったからです。

先生たちが議論を重ねることで、それらの繋がりを実際に理解できるのです。

となれば、僕たちは単なる取り決め会議をしているわけではありません。

〝目に見えない誰か〟を常に探りながら、意思決定していく機関であり、それが学校組織のリーダーシップへと繋がっていく。

いうなれば、管理職会議はリーダーたちが常に学び続ける場、アップデートの場でもあるのです。

ヴィジョンは打ち出さずに伝わるもの

「人にして遠き慮《おもんぱか》り無ければ、必ず近き憂い有り」

遠い未来のことを考えないと、近い未来に必ず心配事が生まれる。
『論語』にある孔子の言葉です。

不確実性が高い今の時代では5年単位、下手すれば1年で時代が変化します。この時代の風をどう読むか。たとえ風の読み違いがあっても、その難局をいかに乗り越えるか。誰にもわからない未来をチームで乗り切るために、具体的に進むべき道が全員に見えていることは非常に重要であり、リーダーとしても求められていることです。

とはいえ、僕はヴィジョンを明確に打ち出して、さあ進もう！　というリーダーシップはあまり用いませんし、むしろそんなパワフルな発信はしていません。

困ったことに、ヴィジョンと聞くと体が痒くなってしまう、重症の〝ヴィジョンアレルギー〟なんです。

そもそも「こういうヴィジョンを目指して頑張ろう」と言われて、やりますよ、という人っているのでしょうか。「そっちの都合で言われても」と他人事で済まされるのがオチではないかと思います。

僕は難しい局面でも、可能性を模索して全員で乗り切る術を考える方が好きだし、どちらかというと、当てが外れた際の〝リヴィジョン〟が得意です。ましてや「ヴィジョン」を押しつけてくる人を信用していないため、自分から積極的に打ち出すことなんて到底できません。

そう、僕はヴィジョンを「発信したくない」リーダーなんです。

そんな人間でもリーダーが務まるなんて、ちょっと面白いと思いませんか？

今までヴィジョンを大々的に発信していないにもかかわらず、なぜか現場の先生たちは、僕の目指す教育のあり方、学校イメージを深く理解しておられますし、積極的な提案もいただきます。

なぜだろうと考えていたのですが、一つ思い当たることがありました。

廊下や校長室で、先生や生徒と話すときに、僕が無意識によく使っているフレーズがあったのです。

「こういうことで悩んでいるんだけど、どう思う？」

とにかく僕はいつも悩んでいる校長です。

僕にとってこの対話の価値は非常に高く、相手の意見や感想、提案を知ることができ、自分の考えとの共通点・相違点を明確に認識できます。

おかげで、現場のリアルから大きくズレずに進めるのです。

対して、先生や生徒たちからすると「校長は今こう考えているんだな」といった最新情報がアップデートされる機会でもあります。もしかすると、僕がこれまでしてきた雑談は、「学校の新たな文化の構築と向上を目的とした、偶発的な立ち話」という言い方ができるのかもしれません。

実際にしていることは先生と生徒に「どう思う？」と聞いているだけなのですが……おかげで、ヴィジョンについて言及せずとも、思考の共有と軌道修正、潜在レベルでのすり合わせが、日常的に相互になされてきたのかもしれません。

振り返ってみれば、生徒発案の企画は立ち話で決まることがほとんどです。「立ち話で本当に決まるの？」と聞かれるのですが、これが本当に決まるんです。

簡単に言うと「こういうことがやりたい」「やってみたらいいよ」という話なのですが、それまでの雑談の集大成として、ポンと形になっていたとしたら面白いですね。

一般的に「発信するのが正解！」と思われがちなヴィジョンですが、僕に言わせれば、「ヴィジョンは気づかれるもの」です。

「あっ、これって校長が言っていたやつかな?」

そんな言葉が現場で浮かんでいたら素敵だな、といつも思っています。

見えないものを見ることができるか

先日、本校の廊下を歩いていると、階段の踊り場にあるマリア像の下に、小さな花を咲かせたかすみ草が一輪差してありました。

こんな見えない場所に誰が? と思いましたが、マリア像の下は、ほとんどの人には見えていません。見せようとは思っていないように感じました。

それから何日かの間、意識して見ていると、学校に生えているさまざまな雑草花が、同じ場所に必ず一輪差してあることに気づきました。

その後、学校を掃除してくださる方に「ある人が昔からやっている習慣なんですよ」と教えていただきました。

本校に勤めるようになって数年経ちますが、これまで全く気づきませんでした。多忙を理由に、見えないものを数多く作っていたことに改めて気づかされたのです。

歴史ある学校組織を運営する者として、最近この言葉に感じるものがあります。

わたしたちは見えるものにではなく、見えないものに目を注ぎます。見えるものは過ぎ去りますが、見えないものは永遠に存続するからです。

『新約聖書　コリントの信徒への手紙Ⅱ　4章18節』

聖書の話をしたいわけではありません。一般的な話として、僕たちは目に見えることに喜んだり、悲しんだり、失望や期待をしながら日々生きています。

僕個人は、校長として「見える事象」に対してエビデンスを前提に、その都度判断して学校を運営しています。

学校が良くなるために意思決定できる。このことを、逆の側面から見ると「とんでもない決断を瞬間最大風速の如く行い、数十年続いた文化を消し去る危険性をはらんだ行為」という言い方もできると思います。

そう考えるとき、聖書にある

「見えるものは過ぎ去るが、見えないものは永遠に存続する」

という一節が、まるで「見えないものに気づけるかどうかが重要なのだ」と言われているように響いてくるのです。

第2章で「何かを変えたりやめるときは、まず根本を辿ろう」とお伝えしました。もう少し言及すると、リーダーとして何かを取捨選択する場合は、「状況に埋没している〝見えざる〟価値観と考え方を掘り起こした上で、意思決定できるかを問われる」という話になります。

言い換えれば、僕の考えるリーダーとは、「見えないものを見ようとする力」を駆使できる人のことであり、「たとえ見たくないものであっても、必要なときに直視できる人」でもあります。

どうせゴミだからといって、中身を見ようともせずにそのまま捨てることは、僕にはできません。捨てるのは別にいいんですよ。ただ、自分が何を捨てようとしているのかを知っておかなければまずい、と思うのです。

有益優先が断ち切るものを理解する

具体的な例として、生徒の答案用紙の丸つけ業務を、手作業からＡＩ採点にして業務を削減しよう！

という声が上がったとします。

確かに、先生たちの業務量削減に非常に有効な提案です。

ですが、もしここで、満場一致で賛成多数であったとしても、自分としてはすぐに決めたくはありません。

僕なら、「生徒の答案用紙を見ながら『こういう答えを書いているんだ』『ここの間違いはこうしたら正解になるのになぁ』などと思いながら、点数をつけている先生もいるよね」という話をするでしょう。

すると「そんな人がいるんですか」という話になります。

「やめるのが正解」と思っていた人たちが、それまで見ようとしなかった部分に光が当たるわけです。

その上で、ＡＩ採点で先生たちの業務量が削減できるのはいいことだと思う、という話もできます。

この過程が非常に重要なのです。

逆に考えてみましょう。

１００人中90人が、「手作業での採点業務を大事にしています」となれば、ＡＩ採点にすることで何が失われるのか、という議論になるかもしれません。

そんな風に採点業務に美学を持っている先生が９割いる環境では、なくすものではないかもしれません。それが1割だった場合は、業務量の問題もあるので、やめましょうという話になるでしょう。ただし、その際も1割のマイノリティのことを考えながらやめなくてはいけないと僕は思っています。

もっと個人的にいうと、最終的に手作業の採点業務をやめることになったとしても、これまで先生たちが生徒たちのことを考えて、採点しつづけてきたことに対して、僕自身、感謝の気持ちがあるわけです。

意思決定で、もし何かをやめるのであれば、それが一体どういうものだったのかを改めて認識し直すことは、僕にとってどうしても欠かせない過程です。

時代や環境、事情が変わり、たとえ捨てる決断をするにしても単に「もう無駄だから」という理由は正しくないと思っています。

ＡＩ採点の話でいえば、これまで先生たちが想いを巡らし、費やしてきた時間がそこにあり、それらは決して無駄なものではありません。

昨今、教師の労働問題が話題になり、特に業務の見直し、労働時間の削減に追い風が吹きやすい時勢に「不要なことはどんどんやめていこう」といった決定は、一見すると正しく、実際に正解の場合も多いでしょう。

たとえそうであっても、自分たちがやめようとすることは、「今までさまざまに工夫をしたり、長年考えてきた人たちもいる」ことを知ってからでないと、対立というものは永遠に解消しないのではないでしょうか。

目に見えるレベルで有益に見えても、目に見えないレベルにおいて、何かをやめるということは、それまで脈々と繋がってきたものを断ち切る側面があります。

それまで関わってきた人たちの想いと労力、時間に対して敬意を払いながら、リーダーとして、最終的な意思決定を果たすことができるかどうか。

これは僕が校長職を通して得た、非常に重要な価値観です。

リーダーとは、夢と希望を携えた者

大阪府寝屋川市の京阪香里園駅から10分ほど登った「香里の丘」と呼ばれる高台に、本校はあります。

目の前のことに追われ、視野の狭まった思考に陥ったとき、僕は大阪平野を見渡せる場所へ行き、景色を見ながら深呼吸をします。

すると、ゆっくりと地形と街並みを楽しむ心持ちに変わっていきます。同じ環境であっても、どこから景色を見るかによって、気持ちも自然に変わるものですね。

組織も同じく、どのポジションから見るかによって、見える景色は変わります。「リーダーの視点」「メンバーの視点」「プレーヤーの視点」「マネジメントの視点」と見える景色が変わるように、学校においても、現場の教師と校長で、見える景色は全く異なることでしょう。

僕自身、プレーヤーとリーダーを経験して思うのは、「現在」に視点を置くか、「未来」に視点を置くかの違いです。

3年後の学校がどうなっていてほしいか、10年後の学校はどうなっているのか、考えを巡らし、種をまく。それがリーダーの仕事であり、持つべき視点です。

例えば、本校を「10年後に多様な進路を実現できる学校を創る」とするなら、僕がずっとやってきた海外大学進学指導のノウハウを若手の先生方に伝えながら、知の引き継ぎをすることが鍵になります。

そのために、海外大学進路指導に興味のある先生を探りながら雑談をしたり、食事を一緒にしたり、対話を通して興味関心を知ろうと行動するでしょう。

リーダーによるマネジメントの多くは、先に広がる景色を見通してのことであり、それは決して権威主義的な話ではありません。

「単なる役割としてのポジション」という強い自覚はどんなリーダーにも求められることであります。遠くにある景色が見える位置にいるのなら、その「未来」を想像して行動する責任が生じるわけで、「リーダーは未来への夢と希望を与えなければならない」と僕は思うのです。

理想の未来は、その時々の状況で変わります。

経営不振なら、危機から脱して教職員の給与が上がる環境に。不協和音のある組織なら、メンバーそれぞれが喜んでやりたいことをやれるような環境を作ること。

夢も希望もない組織では、人は能力も才能も発揮できません。仕事もプライベートも問わず、夢や希望は単に与えられるものではなくて、一緒に創り出すものだと僕は思っています。

リーダー視点で振り返る、食堂始動の裏側

第４章で食堂建設の話をしましたが、実はこのとき、「単なる食堂を作っても、夢や希望にはならない」と思い悩んでいました。

リーダー視点・経営的視点で振り返ると、本校に食堂がないことは着任当時から気になっていました。所属感を育むとき、みんなで一緒にご飯を食べることは非常に重要な行為です。家族感を育むプラットホームがないのは、私立の中高において致命的な欠陥になるだろう。そう直感したのです。

本校の食堂建設は、数十年前から時折語られていた夢だったようですが、生徒数が減少していたことや、女子校だったこともあって、実現に至らなかったと聞きました。

当然ながら生徒数が少なければ、食堂運営は難しい話です。

僕は密かに「3年後に食堂を創る」というイメージを持ち、そのために減価償却前収支を黒字にすることを目指しました。

歩みとして振り返ると、2017年度から男女共学となり、全校生徒の40％以上を上回る男子生徒が入ってきてくれたこと、着任以来の生徒増によってキャッシュが生み出されたこと、保護者会の全面的バックアップの体制が整ったことが要因となり、2022年度にようやく食堂建設が実現することになったのです。

生徒たちの食の憩いの場、先生たちの会議やランチミーティングの場を作ることは、全員の未来、学校の未来を創ることそのものです。食堂を創ればメッセージは伝わると考えてはいましたが、それでもコロナの影響で押さえつけられてきたみんなの願い、想いをどう形にするか……全員の夢と希望を繋げる必要がありました。

みんなの想い出はどこだろう。

考えを巡らして思いついたのが、本校が誇る国の登録有形文化財、旧雨天体操場でした。

アントニン・レーモンドが手がけた初期のモダニズム建築は、美しく立派な施設であるにもかかわらず、一時は倉庫になっていた時代もあったと聞いています。この場所にみんなが集える食堂があれば、先人たちにとっても、現在関わる全ての人たちにとっても誇りと未来をつむぐ空間になる。

結果として、２０２２年末に寝屋川市が主催する「寝屋川市建築賞」にて優秀賞をいただき、社会的な価値の表現として認められた非常に感慨深い出来事になりました。

見えざる理念と精神を受け継ぐために

「継承」と「承継」は、M&Aの業界ではよく使われる用語ですが、読み方や、意味が似ていることから勘違いされることも多いようです。『大辞林 第四版』によると、次のように記載されています。

【継承】先の人の身分・権利・義務・財産などを受け継ぐこと

【承継】先の人の地位・事業・精神などを受け継ぐこと

学校の文化は、どちらかというと次世代が「継承」していくことが前提とされていて、文化的な価値や経済的な価値などを受け継いでいくことが美徳とされるように感じます。

言い換えれば、戦後の学校文化は、理念や精神よりも、規定された文化的価値や経済的価値を守り抜くことを求められてきたのかもしれません。

しかし、創業者、学校観点でいうならば、子どもたちの幸せを願うことはあっても、「形式化された文化をそのまま継続してほしい」とは言わないのではないでしょうか。

現代の僕たちと先人たちの間に、時代を超えて共通するのは、「子どもたちがどうすれば成長し、幸せな人生を描く力を伸ばすことができるのか？」を問い続ける想いだと思っています。

本校の例でいうと、旧雨天体操場という貴重な文化財が「食」を共にする場になったことは、学校創立から今後の未来までを照らす、非常に強いメッセージを放っていると僕は捉えています。

このとき文化的な価値や経済的な価値を守るだけでなく、事業や精神を受け継ぐ、いわば「承継」

する姿勢が問われているように感じました。

校長4年目の区切りを経て、改めて「リーダーはなぜ必要なんだろう」と考えていたのですが、僕たち人間というものが未来を想像し、夢を描くことを何よりも求めているからではないかと思うようになりました。

自分の描いた夢、あるいは誰かが描いた夢に賛同し、それぞれの自分を発揮しながら進む。

リーダーはそこに機能し、共に歩む。


この歩みは誰かの人生を豊かにするだけでなく、関わる人たちの手にする価値に繋がっていくはずです。それが一人の独善的な夢ではなく、みんなの夢であれば、幸福の分配が自然に起きるのでしょう。

少なくとも僕はそう信じているし、よりよい未来を想像して描いた夢は、一人ではなく関わる人全員で実現できるものだと思っています。

第6章

子どもの未来を開く学校

やっぱり日本の教育は変えなければならない

以前、仕事で訪れたマレーシアの首都クアラルンプールから少し郊外に入った高校で、強烈な体験をしました。

10年以上前のことですが、今でも頭から離れません。

学校に着いてまもなく、教室に案内されました。授業中だったので、遠慮気味にコソッと後ろから覗かせていただいたときのことです。僕に気づいた先生が「ウェルカム！」と言って、教室内に招き入れてくれたのです。そのときに巻き起こった生徒の拍手と、彼らのキラキラした目を、今でもありありと思い出せます。

ですが、想像してみてください。もし、日本の地方高校に外国人が教室の後ろから覗いていたら、どんな反応になるでしょう。ゾッとしますね。

思わぬ万雷の拍手の中、拙い英語で自己紹介をさせられた僕は、冷や汗と恥ずかしさで逃げ出したい気持ちでいっぱいでした。

ですが、生徒たちと先生はそんなことも露知らず、早速インタビューだ！　と言って、授業の再デザインを始めるのです。さあ大変！　先生にとっては予定外だったはずです。

先生「さて、ここにいるスペシャルな日本人に何を聞きたい？」
生徒「はい！　はい！　はい！　はい！　……（ほぼ全員）」
先生「じゃあ、あなた！」
生徒「どうやったら日本で働けますか？」「日本はなぜアジア№１になったの？」「マレーシアのどこが強みですか？」「何を今から勉強すればいいですか？」

この光景に僕は度肝を抜かれてしまいました。ましてやあれこれ聞かれても、こちらには答える教養も語学力も足りないわけです。

それでも彼らのキラキラした目と迫力に圧倒されて、とにかく知っている知識を、日本語と拙い英語を織り交ぜながら話しました（日本はほとんど自然資源がないんだけど、人の力で云々……）。

こんな拙い話と語学力でごめんなあ。先生助けてくれ……。

先生「日本はなぜ資源がないのに№１になれたのか、ディスカッションだ！　意見の違う人間でグループを作ってくれ」

生徒「俺はこう思うんだけど、どう？　違う？　よしチームだ！」

皆さん、いかがでしょうか。

このときの僕の衝撃をまとめると3つに要約できます。

1．好奇心

知的好奇心の塊のような生徒たち、それを率直に表現できる心理的な安全性。全てが衝撃でした。

あなたなら、突然現れた外国人に聞きたいこと、ありますか？　一瞬、固まりませんか？

もし日本の高校なら、どうでしょうか。少なくとも、全員で手を挙げるなんてことは起こらないのではないかと思います。

日本で見ていると、手を挙げるのが怖いと感じている児童や生徒がおり、本校の授業参観に来られる保護者の中には、悩まれている方も少なからずおられます。

「うちの子、全然手を挙げません」

日本の子どもは、なぜ手を挙げないのでしょうか。

生徒たちに話を聞くと、主に2つが原因だとわかりました。

●恥ずかしい……だって恥ずかしいよ。みんなの前で自分の考えを話して、みんなと違ったら先生どうするの？　責任取れる？

●**間違ったことを言いたくない……間違っていたときに、笑われるでしょ？　的外れなことを言って仲間外れになったら嫌だもん。**

はい、なんとなくわかります。

この弊害は、僕たちが〝正解〟を教えすぎたことにあると思っています。

授業にあるものは、全て正解。逆に正解以外は不正解。不正解のリスクがあるのだと生徒たちは思っているので、恥ずかしさや言いたくない気持ちが出てくるのです。これは、日本の子どもたちというよりも、日本全体の問題です。

同じことを感じるのは、教育フォーラムなどで講演をしたときです。最後に質問の時間があるのですが、これがほとんど手が上がりません。

大抵の方が質疑応答を終えてから、名刺を持って質問に来られるのです。講演中、疑問に思っているところがあっても全体の中ではシェアされません。

とある講演の後に、また質問者が来られました。そのときに聞いてみたのです。

「なぜ、質疑時間で質問されなかったのですか？」

「すいません。若干ですが、反論めいたことになりそうだったので遠慮しました」

驚きました。なるほど、さすが和を尊ぶ日本人です。

その背景には日本の「同調圧力」や「空気を読む」といった独特な考え方があるのではないか？　と考えています。あるいは、講演に申し込む＝みんなが同じ考えである、という前提を持っているからでしょうか。

それとも、みんなが賛成なのに反対する「空気が読めない人」になってしまうと、厄介者扱いされるからでしょうか。

皆さんはどうでしょうか？

2．多様性

グループの作り方一つにしても、抵抗なく自分と意見の違う人間を選ぶ生徒たちの態度に驚かされました。

日本で「グループを作ってください」と言うと、クラスの同質性の中で、さらに仲の良いグループで構成しようとしますよね（もちろん、それが絶対ダメではありません）。

もしかすると、日本では根本的には和を乱す人は「悪」という概念があるのはないでしょうか。皆さんに心当たりはありませんか？

この根源的な思考は、多様性を最も阻害します。この思考のままでグローバルな現場に出ようものなら、社会は非常に悪に満ちた世界と感じることでしょう。

「意見が違う人＝敵」

と考えている限り、双方の意見はひたすら平行線をたどり、議論ではなくただの意見の押し付け合いになることは避けられないでしょう。

このマインドを持ち続けることが本当に日本のためになるのか、いま一度僕たちは真剣に考えなければなりません。

3．先生の権限（学びの姿勢）

もしあなたが先生だったら、授業中にアドリブで内容を変更する勇気、ありますか？

マレーシアのこの先生の目的は、生徒たちの興味ある内容をもとにしたディスカッションを行うことでした。ほぼ即興の授業デザインでありながら、目的は「ディスカッション」として成立しています。アドリブだろうがなんだろうが、目的を果たすわけです。


僕たちの課題としてあるのは、学習指導要領、そして教科書に縛られていて、制約のある中で教育と向き合っているという現実です。厳密ではありませんが、そこはやはり見えないロープのようなもので、僕たち教師を縛っているのです。

日本の学習指導要領は、いわば告示です。告示とは、簡単にいうと「お知らせ」で、一般的には法律ではないとされています。

ですが、この学習指導要領は法的拘束力が一定のところまで認められています（旭川学力テスト事件など話せば非常に長くなるので割愛します）。教育の自由権など、書き出すとキリがありませんが、僕は一定の基準をクリアした上で、教師の自由と自主性が認められることが必要だと考えています。

今よりも制約の少ない環境で、先生たちが教育できるようになるには、まず何が必要になるのか。ここからのスタートになるでしょう。

僕はこの授業訪問をきっかけに、アジアを含め世界の教育を見渡し、日本の教育に違和感を覚えるようになりました。

同時に、このまま日本の教育を変えないままでいると、あっという間にアジア新興国に追い抜かれる。そんな恐怖感も味わいました。

150年変わらない教育をどうする？

明治期にできた日本最初の近代的学校制度を定めた教育法令「学制」は2022年9月でちょうど150年になります。この教育制度の何がすごいかというと、150年経ってもいまだに続いている点です。

この学制の目的はこうです。

「国民」の知識を高め、産業を発展させる
「国民」であることを意識付ける

産業発展と国民意識の醸成が目的であった教育改革。
その目的が達成されたかどうかは現代を見れば明らかで、大成功といえるでしょう。
国民が広く平等に教育を受ける権利を行使することができ、全国津々浦々の学校で均一化された教育を受けることができるのは、我が国の誇りであります。

「なぜ１５０年もの間、日本の教育は変わらないんだ！」
このようなことをおっしゃる方も、昨今増えてきたように思います。
思うに、そこには産業発展に成功するための純然たる〝正解〟があったからではないでしょうか。

日本人は、もともと存在していたものを改善することを得意としており、質の良いものを安く提供できる力がありました。欧米を見本として改善を行い、改善を繰り返すことで成長するという手段と、産業発展の親和性は高かったのでしょう。

現に日本は高度経済成長の波に乗って世界第3位のGDPを誇る国となりました。

ただ、150年も続くこの均一化された教育制度は、歴史を積み重ね修正されながら今日まであり続けました。あまりにも強靭な仕上がりのため、近年は硬直化してしまい、劣化した部分が見え隠れする時代となってしまったのは、経済的側面である〝失われた30年〟を見るとわかることです。


1990年代のアメリカに追いつこうとする勢いも虚しく、アメリカがどんどんと加速度的に成長している最中、日本は停滞を続けています。2000年代に入り、中国にあっさり抜かされ、現在は追いつける気さえしない状況になっています。

つまりこの30年の間に僕たちは、全く成長しない国に存在し、さらにその状態が長いため、それに慣れてしまったということです。GDPの成長率では、低調なドイツやフランスでさえ4～5%ほどの成長を見せているのに対して、日本は先進国で下位を辿っています。この経済状況の中で、教育界は何ができるのでしょうか。

政治的責任もあるでしょうが、それを産み出してきたのが我々国民であるという事実は、個人で受け止められないくらいの重さでのしかかってきます。

「失われた50年にはなってほしくはない」

日本を愛するがゆえに、僕はそう思うわけであります。

登った後、どう下っていくか

話は変わります。

ある日、若手の先生と「滝を見に行こう」という話になり、ある有名な滝に向かいました。現場に到着してわかったのですが、その滝を見るために山を登らなくてはいけませんでした。言い出したのは僕です。仕方ない、登るしかありません。

僕は脂肪が多めということもあって、ゆっくりゆっくりと登らざるを得ません。若手の先生はそんな僕を嘲笑いながら、スイスイとなんともない顔で頂上までたどり着いていました。

僕は年齢と運動不足を痛感しながら、内心打ちひしがれました。

その帰り道のことです。後ろから誰もこないので待っていると、ガニ股歩きでやってくる先生の姿が見えました。登りの勢いはどこへやら、どうにも膝が笑ってしまって、うまく下りられないとのこと。そんなことがあるのかと、僕はスイスイと気持ちよく先に進んで行きました。

後日、このエピソードを登山家の友人に話すと、登りは体力、下りは思考力なのだと聞きました。

要は、登りは基礎体力がものをいうけれど、下りはどこに着地して重心をどう中心に保つかなど、かなりの技術と思考を使うのだそうです。

なるほど、登りより下りの方が難易度は高いのか。しめしめ。一人溜飲を下げたのでした。


日本も同じ状況だと思います。

これからの日本社会は、国として下っていくからです。人口減少がその最たるものですが、さまざまな物やシステムが劣化していく今、「どのように下っていくのか」が重要なのではないでしょうか。今まで、がむしゃらに高度経済成長期を登ってきた日本。正直、さまざまな社会問題を考えずに、ひたすら上を目指してきました。


さて、下り道を生きる僕たちは、どこにどんな問題を抱えているのか、慎重に思考しながら進むしかありません。

何事も登ったら必ず下りるのです。それが「有限」という意味だと思います。

「安いニッポン」は、今に始まったことではない

日本はもう先進国ではないという現実をどれだけの人が受け入れられるのでしょうか。
２０１８年8月、僕はカンボジアのプノンペン空港にいました。生徒主体で行う、課題解決型学習の研修を行うためです。

１９８０年代のカンボジア内戦、いわゆる「カンボジア問題」は、人民革命党とポル・ポト派というカンボジア共産主義勢力の内部対立が激化したものでした。これにポル・ポト派とベトナムの対立、中越対立、中ソ対立、東西冷戦を背景として国内外の政治勢力が相次いで関与したことで国際化し、長期化の様相を呈しました。

結果、内戦は１９９１年まで続きますが、その年の10月パリでカンボジア和平協定が成立、22年ぶりで終結しました。

そんなカンボジアの首都プノンペンの国際空港で、僕は吉野家の牛丼を食べました。当時のレートで約８００円でした。この金額があまりにも衝撃すぎて……当たり前のように、日本よりも高いじゃありませんか。もちろん空港なのである程度、高いのは理解しています。

それでも多くのカンボジア人が来店し、普通に食事をしている姿は、内戦をうっすら知っている世代からすると驚きであり衝撃であり、なんとも複雑な思いが入り混じる体験でした。

２０２３年の日本で、いまだに吉野家の並盛を税込４４８円（２０２３年4月現在）で食べられることが不思議ですよね。

こういった感覚は、日本で過ごしている分には問題ありません。日本のデフレを象徴しているんだと理解しています。

国家百年の計は教育にあり

日本の状況を鑑みたとき、今までと同じ教育をしていてはこれからの30年も、きっと何も変わらないでしょう。

今から30年と考えると２０５０年くらいです。確か世界の人口が97億人で、日本がちょうど1億人を切るような時期かと思います。「まだそのくらいの人口がいるのか」と思われる人がいるかもしれませんが、生産人口が悲惨です。

総務省の令和４年版情報通信白書の高齢化の推移と将来推計グラフを見ると、２０５０年の日本の総人口予測が1億１９２万人に対し、生産人口数予測が５２７５万人で全体の約50％です。

ちなみに2021年は総人口1億2550万人対し、生産人口は7450万人（59・4％）です。

2050年の未来では、生産人口が約10％減少し、高齢化率は約20％から約40％まで増加しているという予測です。

経済的な視点だけで語ることは、あまり好ましくありませんが、過去30年の日本の取った方向性は「大失敗」だったといっても過言ではないでしょう。そして教育は、いつの時代も国家の軸となるものです。

中国春秋時代の政治家で思想家でもある管仲の著作『管子』に「国家百年の計は教育にあり」という言葉があります。

●高齢化の推移と将来推計

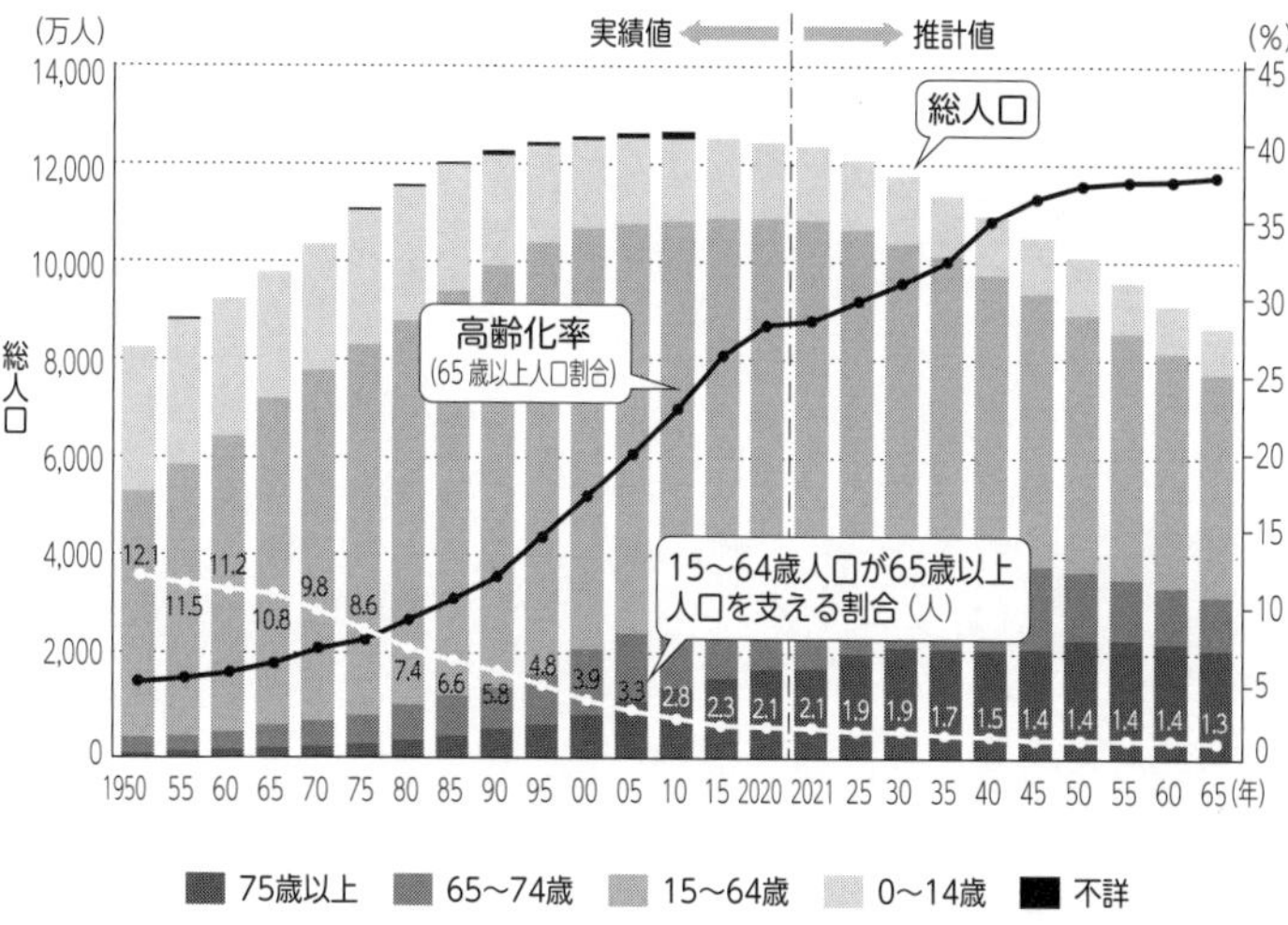

出典：総務省ホームページ
https://www.soumu.go.jp/johotsusintokei/whitepaper/ja/r04/html/nd121110.html）

『一年之計、莫如樹穀
十年之計、莫如樹木
終身之計、莫如樹人』

一年之計を考えるならば穀物を植えよ、十年之計ならば植林、終身の計ならば人をつくれ

意訳とはいえ、国家を創る上で最も重要なこと「人を創る」とはまさしく教育そのものであります。

それなのに今、僕たちは自信を失っています。世界に比べて、おそらく何も劣っていないにもかかわらず、です。

この自信を取り戻すこと。それが今、必要とされている教育だと僕は思います。

【問い】

グローバル社会が叫ばれてから30年。世界の教育と比較して、日本の教育はどうすればより良くなると思いますか？

あなたの考えはいかがでしょうか。

僕が考える「お金の教育」

「先生は、小さい頃からお金に詳しかったのですか？」

いろんな先生から聞かれます。

当時は学んでいるとは思っていませんでしたが、思えば確かに、小さい頃からお金のことは学んでいたと言えます。先述した通り、小学校に入ってからは、お金の管理は全部自分でしていましたし、正月にもらうお年玉も全て自己管理。机の引き出しにもらったお金をクリップで留めて、常に計算しながら毎日眺めていました。

ある日、父親に
「ずっとお金を眺めていても増えないよ。増やす方法があるよ」

そう言われて、すごく驚いたことを今でも覚えています。

当時、郵便局の定期預金の金利は今では信じられないくらい高く、定期預金に預ければ少しずつお金が増えるよと言われ、金利の概念を習いました。ただ、当時の僕には定期預金はすごく時間がかかって効率悪く感じていました。もっと増える方法はないかと聞くと、父親が言いました。

「君は可愛い。まだ小学生だ。それが価値だ。だから親戚に挨拶に行くだけでいい」

謎の言葉を残して、仕事に行きました。

とりあえず言われるがまま、近くの親戚の家にアポなしで行くとすごく喜ばれ、お茶やお菓子、そしてお小遣いをもらいました。

定期預金の金利が年に3％の中、小学生にしては驚くほどの金額が一瞬で手に入ったのです（当時の僕からすると、素直におじちゃん、おばちゃんに会えて嬉しかっただけなのですが）。


この話を聞いて、皆さんはどう思いますか？

知り合いの先生にこの話をして、「小学生で汚れたのか」と笑いながら言われたことがあります。

決してこのコメントが悪いという話ではなく、なるほど、これが日本のお金に関する価値観なのかと僕は理解しました。

「お金は汚い」はどこから来たのか

学生時代に、この言葉を習った記憶はありませんか？

「士農工商」

もともとは儒教の概念が基盤のもので、民の職業を4つに大別した儒教的な表現（最近は教えませんし、教科書にも載っていません）です。

日本は明治に入って一気に工業化が進み、「労働者」が前提とされている社会へ突入します。お金を扱う「商売」という概念から、「労働」という概念へと大きく舵を切っていくわけですが、この〝労働者の社会〟が今も続いているという話です。

労働者は、とにかく目の前のタスクを納期までに終わらせることが求められました。そうなってからは、日本は税金を納めるといったことすら考えずに生きる民族になりました。というのも、労働者は何も考えずとも企業が全て肩代わりをして納税されるというシステムが作られたのです。

士農工商でいう商人は、自分の采配で商いを行います。農民には自分たちで生産した成果、農作物がありました。

対して労働者は、歯車の一種として自分たちが何を生産しているのか、その全体像をよく把握していないまま、目の前の業務と納期に集中します。僕たちが今、生きている労働者社会と150年続いてきた日本の教育は、切っても切れない関係にあるということです。

いわゆる工場労働者を高い質で働かせて、生産性を上げるために一斉型で授業を行い、一斉に全員が物事を行えるように教育をしてきました。一斉に教育すること、工場で一斉に働くこと、一斉に商品生産できることは相互補完関係にあります。

日本はそれらを懸命にやってきたからこそ、経済は発展し、高度経済成長を遂げました。労働者を多く生み出し、企業が一括で納税をするシステムを作り上げた結果、国民はお金について学ぶ必要性を失ったのです。

これは僕にとっては違和感でしかなく、「お金とは何か」と深く考えなくても生きていけるようになった影響で、

「お金儲けは良くない」

「お金の話をするのは潔しとしない」

という風潮が生まれたのではないかと考えています。

近年、「金銭感覚」の教育が家庭からなくなっただけではありません。お金がどのように増える側面があるのか、いかにその価値が変動するのかといった「金融教育」が、社会や学校現場で十分に行われる機会も全くありませんでした。

その結果、起きていることは、一向になくならない金融商品にまつわる金融詐欺と、一方で金銭に対する感覚が麻痺している子ども（20歳以上であっても内面が未成熟な成人を含む）の増加です。

個人主義が発達しているアメリカでは、子どもの金融教育が自然に行われていますし、老後の資産

形成の重要性が高いとされているイギリスは、2014年9月から公立学校のカリキュラムに金融教育が盛り込まれています。

各国の子どもの金融教育の取り組みは、少し調べればわかることです。

日本ではようやく2022年度の高校の学習指導要領改訂で、金融教育が必修となり、家庭科と公共の授業において、金融機関の役割や金融商品の特徴、資産形成について学ぶことになりました。家庭科の家計を教える授業で金融教育を行うという話なのですが、そもそも金融経済系の学部出身で、家庭科教師の免状を持っている方はおられません。

被服や食物栄養を専門に学んできた先生に、金融教育をお願いすることがベストなのか、単なる負荷増になっているのか、甚だ疑問です。

新たに加えられた公共の授業も、すでに求められている内容が山盛りで、有効活用できるかについては厳しい状況と言えるでしょう。

現在の「金融教育は必要だ」という総論には賛成ですが、誰がするのか、という各論についてはまだ最適解にたどり着いていないと思います。

断捨離することなく新たに加えるばかりの施策では、うまくいくことさえ立ちゆきません。

個人的な意見としては、金融経済を学んできた社会科の領域ではないかと思うのですが、始まったばかりの日本の金融教育、しばらくは試行錯誤の道が続くと思っています。

とはいえ子どもの金融教育は、性教育と同じく重要な位置付けと捉えている僕にとって、一歩ずつでも長期的に進めていく価値ある取り組みだと考えています。

大学の価値がほぼなくなる未来

皆さんは「カンカンドウリツ」を、ご存知ですか?

決して童謡ではありませんし、南米の鳥の名前でもありません。

「関関同立（カンカンドウリツ）」とは、関西にある4つの難関私立大学をまとめて指す呼び名です。

- 関西大学
- 関西学院大学
- 同志社大学
- 立命館大学

それぞれの頭文字を取っています。関東でいう「ＭＡＲＣＨ（明治大学：Ｍ、青山学院大学：Ａ、立教大学：Ｒ、中央大学：Ｃ、法政大学：Ｈ）」と並んで語られることの多い大学群です。

関西圏での話になりますが、首都圏にも波及しますので、記載します。

この関西のトップ私立大学ですが、おおよその学生数は以下の通りです。

▼関関同立

関西大学	約２万８０００人
関西学院大学	約２万４０００人
同志社大学	約２万６０００人
立命館大学	約３万３０００人
合　計	約11万１０００人

約11万人として、１学年２万７５００人という計算になります。

ちなみに厚生労働省による人口動態統計（令和４年６月）によると、２０２１年の出生数は、過去最少の81万１１６２人でした。前年２０２０年より約２万９０００人減っています。

では、２０２２年の出生数を見てみましょう。

２０２２年１月から６月までの上半期で、出生数は初めて40万人を下回り、約38万人と過去最少。

結果として、2022年の年間出生数は80万人を割る79万人という衝撃的な数字となりました。

実に、現在の18歳112万人に対して、30％もの減少です。

このような出生数減少の事実は、少子化のニュースなどである程度はご存知のことだと思います。

しかし、ほとんどの人が
「大学の価値がほとんどなくなる未来がある」という議論をしていません。


厚生労働省の人口動態統計速報（令和4年12月）によると、2022年の関西2府4県の出生数は約13万2000人。仮に50％が大学に進学するとして、実数は約6万6000人。単純計算すると、18年後の大学生の約40％は関関同立入学者になり得るということです（地方出身者は別）。

さらに、その次点に位置する大学軍のサンキンコウリュウの学生を含めてみましょう。

▼産近甲龍（サンキンコウリュウ）

京都産業大学	約1万5000人
近畿大学	約3万4000人
甲南大学	約8000人
龍谷大学	約2万0000人
合　計	約7万7000人

約７万７０００人を単純に４で割ると、想定される１学年は、約１万９２５０人です。関関同立と合わせると、４万７０００人近い規模になり、なんと大学入学者の70％近くがカバーされてしまいます。さらにさらに突っ込んでいきますと、ここには関西圏の国公立大学を含んでいません。

つまり、18年後の日本の（特に関西）の未来は、

「大学総Ｆラン時代」を迎えることとなります。

首都圏においては束の間のあいだは人口増時代が続くので、あまりピンとこないかもしれません。その首都圏ですら、２０２１年出生数において人口減少が少し見られました。

これは、フィクションではありません。最も信頼できるエビデンスである厚生労働省の人口動態統計から導き出した単純かつ残酷な数字です。さらに大学の定員の厳格化を緩和する流れがきたなら、自体はさらに深刻になりますね（小池都知事が要望しておられますが）。

では、キャズム（越えなくてはならない市場の「谷、溝」の意）を越えるのはどの時点かという話になります。

おそらくは、関西圏の難関中堅私立大学の入学定員と大学進学者の割合が、50％に到達したときではないかと想定しています。

統計で見ていくと、大体10年後の２０３２年あたりではないかと思われます（不確実性の高い話です

が、予測として早まることはあっても遅くなることはないでしょう）。ということで、この先10年、教育界は大激動時代を迎えるわけであります。では皆さんで、10年後の未来予測をしてみてください。

【問い】
大学進学希望者全員が〝難関大学〟に入学する時代。あなたなら就職活動において、どのようなモノサシを用いて新卒人事採用を行いますか？

最適解は見えていますでしょうか？

希望職に就けない就活、偏差値教育の終焉

2006年秋。大学3年生だった僕は、（きっかけは覚えていませんが）お菓子メーカーの新規企画系の部署にいきたいと思っていました。

とにかく手当たり次第に受けまくり、ありがたいことに何社か内定をいただくことができました。

そのとき、ふと内定先の担当者に聞いてみたのです。

「新規企画の部署にすぐに入れますか？」

すると全ての会社から、同じ回答が返ってきました。

「それは、わかりません。できないですとしかお伝えできません」

なぜ、やりたい仕事に就けないのでしょうか。僕は非常に悩みました。情けない話ですが、やりたいことができない辛さは、自由に生きてきた僕にとって、何よりもダメージが大きかったのです。

結局、やりたいことができるのはなんだろう。もう一度考え直したとき、頭に浮かんだのが〝教師〟でした。教師は、確か1年目から教壇に立てて、なんなら担任の先生もできる！

就活を終えた大学4年生の春、ようやく自分の進路を決定したのでした。


そんな自分の話はどうでもいいのですが、お伝えしたいのは、日本では就職活動を行う際、誰も〝就職〟はできない仕組みだということです。

もし、スーパーピカピカの高学歴の方や理系の専門技術職であれば、違う状況もあるのかもしれませんが、ド文系だった僕に選択の余地はありませんでした。

要は〝就社〟一択です。


それでも、時代は少しずつ変わってきました。

就職する時代、いわゆる「職種別採用時代」に突入しています。リクルートの『就職白書２０２２』には、インターンシップからの採用が36％と過去最高の数字が出ており、スカウト型の採用も増加していることがわかります。

インターンシップからの採用や職種別採用が60％以上になってきた時代において、学歴よりも学習歴やキャリア履歴を見られる時代に入ってきたということです。

先ほどの「どんなモノサシをもって新卒人事採用を行うか」という問いに答えるならば、「学歴」というモノサシの価値が、今から下がっていくのは明らかでしょう。

この30年、僕たちは多くのものを失いま

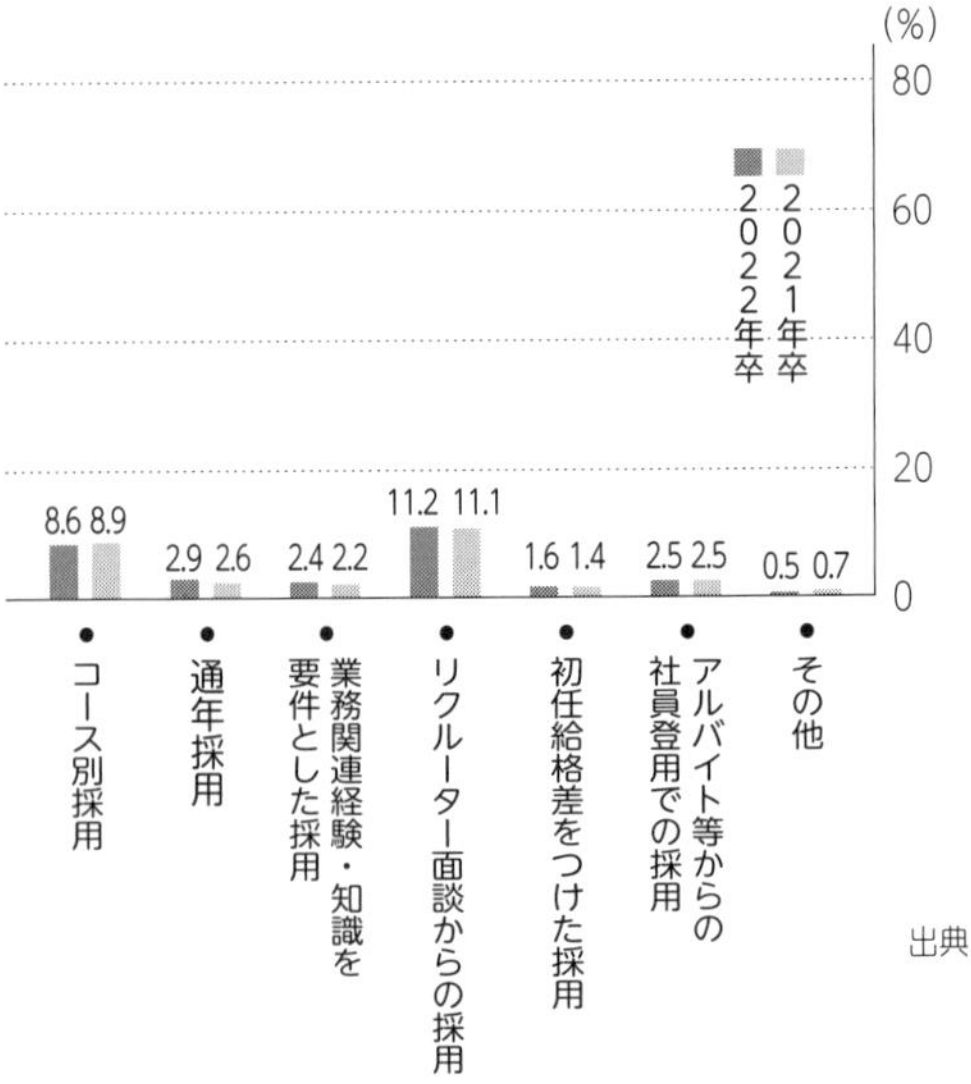

※学生全体／複数回答
※「その他」を除き、前年差（絶対値）の大きい順
※小数点第２位で四捨五入し％表示しており差の数値と計算値が異なる項目がある

出典：リクルート 就職みらい研究所調べ
「就職白書2022 就職活動・採用活動の振り返りと今後の見通し（冊子版）」
https://shushokumirai.recruit.co.jp/wp-content/uploads/2022/04/hakusyo2022_01-24.pdf ）

した。

偏差値を追い求めた時代だったといえるでしょうし、僕もその渦中の一人です。

それでも、もう偏差値教育だけに頼るのは、やめにしませんか？

偏差値「だけ」では到底測れない、これからの激動の時代を生きるために求められている新たな価値がいくつも見えてきています（もちろん、偏差値自体に問題があるわけではありません。使う僕たちの問題です）。

この事実に、本当は誰もが気づいているのではないでしょうか。

僕自身、偏差値のモノサシを刷新する時期が到来したことに、非常に大きな希望を感じています。

●応募した、または応募する予定の企業の採用活動の方法・形態

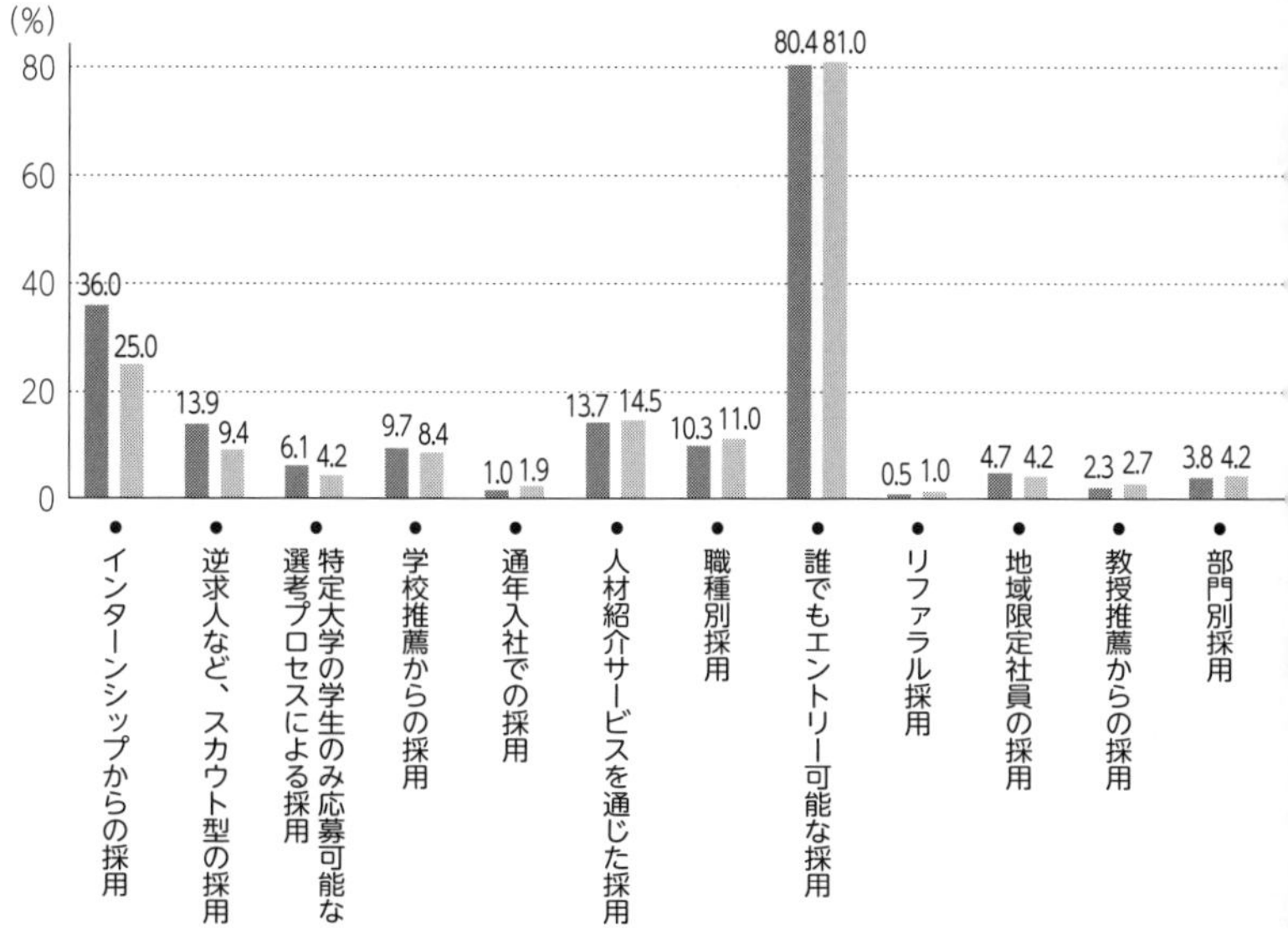

〝こう生きていきたい〟を見つける「探究」

2022年度からスタートした高校の学習指導要領に「探究」という科目が設置されました。これぞまさしく、新たなモノサシであり、今までの教育評価を転換させようという国の方針であります。僕からすると、偏差値という日本特有のモノサシの終焉の狼煙が上がっているように見えています。

文科省のウェブページを見ると、

「総合的な学習（探究）の時間は、変化の激しい社会に対応して、探究的な見方・考え方を働かせ、横断的・総合的な学習を行うことを通して、よりよく課題を解決し、自己の生き方を考えていくための資質・能力を育成することを目標にしていることから、これからの時代においてますます重要な役割を果たすものである。」

（出典：文部科学省「総合的な学習（探究）の時間」
https://www.mext.go.jp/a_menu/shotou/sougou/main14_a2.htm）

と記載されています。

ここにある〝探究〟とは一体なにか？　という話ですが、僕は「生き方、あり方そのもの」と定義しています。

これまでの日本の教育は、どう生きたいかということについて一切教えずに、どこに進学したいかという目的の方がはるかに重要だったと思います。「高校は大学への進学予備校」といわれたりもしてきました。

それでも学校という場所には生き方や在り方を含む、実に多種多様な要素があります。子どもたちが「自分はこう生きていきたい」と確信を持てるような教科がいるんじゃないか……そう考えていたところに、探究という科目がきたのです。

探究の時間は美学に行き着く

自分が価値を感じること・もの・在り方を理解認識し、表現できる人。

さまざまな考え方、個性をもつ人たちのいる現代社会で、自分はどういう存在なのか。問いを自分で立てて思考し続けられる人。

最終的に、僕はこれが「人の美学」であると定義しています。

現実的に必要最低限な生活を好む若い人たちを〝さとり世代〟と呼んだりしますが、大きな夢や目標を立てて頑張ることに関心をもたない・もてない世代の話題を時々聞きます。

例えば、「生徒のためであればなんでもやりたいな」と思う教師がいたとしましょう。

これはどんな人にもその人なりの軸があって、この人の場合「教師とはこうあるべきだ」という考えを強くもっている、という言い方ができると思います。それが現代において、「頭でっかちになっているんじゃないか」「柔軟性がない」などと否定されることがあるのは、なぜでしょうか。

僕からすれば「こうありたい」と思うことは美学そのものであり、個人的にそういう考え方を非常にロマンティックだなと思うんです。自分の美学を持っている人は、たとえ困難なときがあっても、自分の軸に戻れるんじゃないでしょうか。

逆に自分の美学を持っていない人は、他者の美学を認められない人間になってしまうんじゃないか？　などと思うのです。「人それぞれに、それぞれの美学がある」と思えず、否定一択に走ってしまうというわけです。

探究という授業は、最終的には自分の美学を持つことに繋がっています。

それは、授業でのプレゼンの過程で「自分は検索したり情報収集をするのが好きだ」と気づくことから始まるかもしれません。

「人に喜んでもらえたら嬉しい」「こういうことをして生きていけたらいいな」と思えたら、高校生であっても世界の中で生きる自分のことを考えられるようになります。

「自分はこうありたい」「こんな仕事をしたい」「自分らしく生きていくんだ」という美学を持って進学できたら、その軸をもって大学4年間を過ごし、社会に出てからも、その美学を持ちながら人と関わっていくでしょう。

少し前までは、こういった美学を持っている人が多く、「それは昭和史観だ」という人もいますが、僕は普遍性だと思っています。

昭和だけでなく、人間がヒト科として生きるにあたって、社会的動物であり、感情的な動物である僕たちです。つまるところ、なにかしらの美学をもって生きる存在なのではないでしょうか。

探究という授業は、自分の中の「こうありたい」という繊細な内なる気づきに触れていく時間であってほしいと思うのです。

本校のキャリア系の探究として、地元・香里園のお店の活性化プロジェクトというものがあります。生徒でアポイントメントを取り、お店を訪ねて、手伝えることがないかをヒアリングし、手伝っていくというものです。

SNSの使い方がわからないということであれば、直接サポートし、バズらせたいとなれば、共に取り組んでコンサルティングを行うといった、PBL型（課題解決型）探究です。

店舗サイトに掲載するオリジナルCM動画制作など、これまでの授業で20件以上のプロジェクトを手がけてきました。

この探究の授業では、生徒たちは人から感謝を受け取ったり、感謝されて嬉しい気持ちを感じたり、「自分はこういう作業が好きなんだ」など、通常の座学では得られない感情を味わう場面にいくつも出会います。

すると生徒たちは、自分のキャリアについて自然に考え始めるようになります。

最終的に、生徒が自分の在り方・生き方を描くところまで落とし込めたなら、この授業は非常に意味深いものになるでしょう。

各校それぞれに取り組んでおられると思いますが、この貴重な時間を単なるグループワークで終わらせてしまうのは、非常にもったいない話です。この時間をどう使うかで、子どもたちにとって生き方の軸・美学という花が開くのかもしれないのですから。

生徒に何度でも挑戦をさせたい理由

僕は2年前に本校のキャッチフレーズを、「品格と革新、そして挑戦」にしました。

「挑戦、挑戦と言うけれど、なぜそんなに挑戦するの？」

僕が生徒たちに何度でも挑戦をさせたいと思うようになった、その源泉といえる体験があります。中学校1年生の頃、僕はワンダーフォーゲル部に所属していました。今のように携帯電話がまだなかった時代です。


大阪・高槻市にあるポンポン山に登る予定でしたが、前日のゲームのしすぎで（ちなみに親に怒られたことはありませんでしたが）、案の定寝坊してしまいました。

その日は、大阪の難波駅に9時に集合でした。当時、10分待っても来ない場合は、不参加として出発する決まりでした。

それが、起きたら10時過ぎ。あかん、完全に寝坊した！


「おかん、ごめんやってしまった！」

「へーそうなん。登りたいの？」

「登りたかった！　でももう間に合わないし諦める」

「なんで諦めるんや？」

「だって合流できないよ」

「合流したいの？」

「そりゃしたいよ」

「じゃあ送るわ。反対側から登ったらええ」


あっ、なるほど。


ポンポン山の反対のふもとまで送ってもらった僕は、いつ出会えるわからない中で、登りながらさまざまなことを考えました。

もし出会わなかったらどうしよう。みんなはもう頂上くらいかな？　人とすれ違うたびに確認しますが、全然知らない人ばかりです。12歳の僕はもう不安でいっぱい。不安になったら聞くしかありません。


「すいません。頂上あたりに中学生とかたくさんいませんでしたか？」

勇気を出して、下山中の老夫婦に話しかけました。

「今ご飯食べていたよ」

「何分前ですか？」

さまざまな情報を仕入れていきます。みんながどのあたりかを予想するためにも、この情報は貴重でした。

「ありがとうございます。助かりました」

そのまま登り続けていくと予想した通り、頂上でちょうど全体写真を撮るところでした。よし、間に合った！

「先生！」

「お前、なんでおるんや！　アホなことしよって！　危ないやないか。

……逆から登ってきた⁉　なんという親や、初めてや、そんなやつ！」

散々怒られながら、なんとか集合写真に滑り込み、期せずして初めて一人で山に登った一日となりました。

答えがわからないまま、進むのが挑戦

人生に突然訪れた挑戦。

一見ささやかな出来事に見えるかもしれませんが、僕にとってこの経験は、一生忘れられないもの

になりました。なぜなら五感をこれほどまでに総動員し、たった一人で挑戦したのは生まれて初めてだったからです。

僕のターニングポイントは、老夫婦に声をかけた瞬間でした。

海外留学の章でもお伝えしたことですが、「人に聞く力」は、僕たちをまだ見ぬ、望む未来へ連れていってくれます。12歳の僕は、そのことを身をもって体感したのです。

もし、「うまくいくと確信していることしかしない」「答えがわかっていることしか取り組みたくない」という思考で生きていったら、そこには何が残り、どんな人生になるのでしょう。さらにそういう人たちでつくる国はどうなっていくのでしょう。

これは、僕たち大人に突きつけられている問いでもあります。

うまくいくか、いかないか、全くわからないままやってみる。一歩でも進んでみる。たとえ結果が見えなくても、それが何であっても、まずはやってみる。なぜなら、結果として望む通りにならなかったとしても、その過程で得た知識、感じたこと、関わった人たちとの関係は、かけがえのない経験値となるのですから。

ゲーム攻略一つにしても答えが簡単に手に入る時代、子どもたちは答えがわからないままやってみることに「不毛さ」を感じる傾向が少なからずあることも理解しています。そんな時代だからこそ、「やってみること」にフレームが必要であり、そのためのシステムがいま必要なのです。

他校と組んだ「網走探究プロジェクト」

コロナショックによって、2020年度から学校教育の経験主義的な学びが大きく損なわれ、あらゆる行事がストップし、本校がずっと行ってきたフランスの研修旅行なども中止になりました。校長に着任してまだ1年も経たない時期に、自分の目指していた教育へのアプローチが閉ざされたという思いもあり、非常に苦しかったことを今でも思い出します。

コロナ出現から1年が過ぎた2021年春、なんとか夏の探究プロジェクトを実現できないだろうかと思案し、追手門学院高等学校の辻本義広教頭先生に相談しました。

「本校生徒と他校生とが混ざり合いながら多様性を高め、即興性のある課題解決型学習（PBL）をやってみたい。コロナから1年。チャレンジしませんか？」

辻本先生からは即答で「やりましょう！」とご連絡いただき、このときは本当に勇気をもらいました。マレーシアの学校で見た、考え方の違うグループの学びを、「学校間コラボ」によって、表現したかったのです。

ただ、やはりコロナの脅威は収まっておらず、2021年は断念せざるを得ませんでした。

リベンジの2022年夏。コロナの状況を見ながら、もう一度チャレンジを試みました。
それが2022年夏、追手門学院高等学校と香里ヌヴェール学院高等学校、合わせて50名を超える生徒・教師で実施した「網走探究プロジェクト」です。

このプロジェクトは、網走の資源を探索し、それを大阪の高校生が再発見して、どうすれば網走市の観光資源とすることができるのかアイデアを出し合い、資料を作成し発表する取り組みです。最優秀のチームは、網走市のジュニア観光大使となり、大阪の高校生が網走市の魅力を発信する役割を担うというものでした。

最終プレゼンテーションでは、網走市の水谷市長をはじめ、網走市観光協会会長、関西空港と網走市に隣接する女満別空港を結ぶ、ｐｅａｃｈ航空の森社長、網走市にキャンパスを持つ東京農業大学の江口学長や教授の皆さんに評価をお願いしました。

生徒たちの変容は、見ていて正直、凄まじいものがありました。

高校生とは、これほど短時間で成長できるのかと再認識できた取り組みだったと思います。生徒たちの本気度が大人たちに伝わったのか、網走の多くの方々が真摯に向き合ってくれました。

ある高校生チームのアイデアに対して、ｐｅａｃｈ航空の森社長が非常

自他校の生徒とチームとなってディスカッション

に興味を持たれ、本社でのプレゼンを企画しようなどとお声掛けもいただきました。学んだことが社会と連動することを体感した生徒たちは、より社会との距離を考えるようになります。

昨今、困難が山積みのように思える教育環境ではありますが、学校という垣根を超えて同じ志を持つ先生たちと共に、現場から新たな風を入れることは可能です。

このような取り組みを継続し拡大していくことは、これからの学校において、非常に重要な課題だと思っています。

無駄なリスクヘッジよりやってみた方がいい

「拙速《せっそく》は巧遅《こうち》に勝る」

これは大学院時代、締め切りギリギリでレポート課題を提出したときに、

各チームによるプレゼンテーション

審査員によって選ばれたチームの表彰

先生に言われた言葉です。語源を辿ると、中国の儒学者孫子の格言らしく、拙速とは、拙くても速いことであり、巧遅とは巧みでも遅いことです。

つまり、完璧でなくとも「仕事が早い」にこしたことはないという意味だそうです（これには諸説あり、雑でもいいからスピード出してやれ！　という話ではないと僕は思っています）。

「池田くんのレポートは確かに面白いものが多い。林くん（同期）よりもその確率は高い。でも僕は、林くんを評価するよ。それが社会である」

聞いていた僕は「？？」でした。

なんで？　締め切り間に合ってないなら、その通りです。でも間に合いました。

なんでだろう？　そう思い、教授に聞いたんです。

「確かに締め切りギリギリでした。申し訳ありません。ただ期限に間に合いましたよ？」

「確かに。間に合っている。だから評価しないとは言っていないよ。僕は、林くんの方を評価すると言ったんだ」

「どうしてでしょうか？」

「だって林くんは2週間も早く出していて、読む時間がいっぱいあったから（笑）。締め切りギリギリのものは、数が多すぎてちゃんと読めないんだ。忙しいし」

全く理不尽極まりない理由でした。けれど、なんとなく言っていることはわかったような気がしました。

あれ？　授業でも言っていたような……その授業は経済学特論というものでした。

「あっ、ダイナミック・プライシングか！」

ご存知の方もおられるかもしれませんが、ダイナミック・プライシング（Dynamic Pricing：変動料金制）とは、商品やサービスの需要に応じて価格を変動させる仕組みのことです。

有名なところでは、旅行業界のオンシーズン（繁忙期）とオフシーズン（閑散期）では価格設定が変わるのもそうです。

改めて思い返してみると、なんとユニークな教授だったのでしょうか。雑談から学びを想起させ、一生忘れない会話にするのですから。

この対話をきっかけに、僕自身さまざまなことに対して、〝拙速〟を意識するようになりました。

なんの話かよくわかりませんよね、ごめんなさい。

人は新たなものに挑戦するとき、いろんなリスクを考えてしまって行動が遅れたり、前に進めなかったりします。

もちろん、何も考えず見切り発車することに、とてつもないリスクとなることもあるのですが、僕の経験上、そのリスクを掴めるようになるのは、〝行動したことがある人のみ〟です。つまり、行動したことない人が考えるリスクヘッジなんて、屁の突っ張りにもならないのです（下品で失礼します）。

生徒に挑戦を求めるのであれば、僕たち大人もそうでなければ説得力がありません。どれだけ拙くても、たとえわからなくても、まずはやってみませんか？

それぞれの人に、それぞれの場所に、それぞれの挑戦があります。

その道は人生の好奇心を満たし、結果を超えて、唯一無二の価値をもたらします。大人であろうが、子どもであろうが僕が保証します。

アクティブラーニング論争とはなんだったのか

2020年の新学習指導要領改訂に向けて、さまざまな教育観が教育界を駆け巡りました。

中でも最も注目された概念が、「アクティブラーニング」ではなかったでしょうか。

各種メディアでも、教育界隈のニュースに〝アクティブラーニング〟という言葉を見ない日はなかったほどでした。さまざまな人がその論争の中で、主張し合い、その流れの中で今までの教育を否定したり、肯定したり……大激論になりました。

議論することにはもちろん大賛成で、教育について多くの方が知ることは、日本の未来にとって重要なことだと思います。しかし、論争の中で少なからず犠牲になるのは子どもたちであるということを忘れてはいけません。もちろん、犠牲があってこその教育改革であることは承知の上で、僕たちは議論をしなければなりません。

大学院時代に社会科教育学を学んでいた僕は、社会科のアクティブラーニングの研究を行っていました。

特に戦後の経験主義的な教育に関心があり、アクティブラーニングの先駆けのような戦後社会科教育について、よく調べた記憶があります。

戦後社会科は、体験や活動を中心にした経験主義教育の代表でもありました。

しかし、当時の学力低下などが話題となって、「這い回る経験主義」などと揶揄されるようになり、知識技能の基礎学力や系統主義的な教育が重視されるようになったのです。

まさしく暗記社会科の誕生です。これによって経験主義的な教育はどんどん後退していきました。

教育というのは、振り子のようだとよく言われます。教師主導で知識重視の系統主義教育か、それとも子ども中心で、学習態度や思考力を重視する経験主義教育なのか。

日本の教育界はいつもこの議論の中にあります。

そして教育界で熱を帯びるのは常に極論であり、ゆとり教育しかり、偏差値教育しかり、話題性を持って語られることが良くも悪くも日本の教育だったりします。

戦前の教育が、教師主導のインプット型工業化社会モデルとするならば、社会変容の現在は、生徒主体のアウトプット型成熟社会モデルとでも名づけて、対比できるかと思います。

ですが僕にしてみれば、両議論とも子どもたちのことを本質的には考えていない教育のように見受けられます。もっというと、子どもたちを含め人間は実に多様であり、どちらがいいなんて決めること自体、ナンセンスです。

僕が望む日本の教育の未来は、子どもたちに「多くの選択肢を提供できる環境」が担保されていることです。

覚えるのが得意な人、行動ができる人、分析が好きな人、まとめるのが得意な人……さまざまな人間が活躍できる社会をイメージしています。

そのために、学校でどんな教育体験があれば、子どもたちの選択肢が広がるのかを考え、提案・実践することが肝要ではないでしょうか。

とにかく極論にしない。

いかなるときも、肝に銘じておきたいことであります。

アントレプレナーシップ教育の問題

2022年5月、政府が策定するスタートアップを育成するための「5ヵ年計画」の中に、アントレプレナーシップ（起業家精神）教育の裾野を広げていくことが示されました。

具体的には、小中高向けのセミナーや出前講座の実施を支援する構想だそうです。

文科省のやりたいこと、目指したい方向性を理解できなくはありません。

フィンランドなど、北欧のように小学生からアントレプレナーシップを学び、国として起業家を育成したいという点に共感する部分もあります。

なんといっても僕自身、家庭内とはいえ、アントレプレナーシップ教育を受けて育ってきた身です。起業家だったらどうするか、常に親から問われながら小学校時代を過ごしたので、よくわかります。

ただ、今の学校現場にその余力はない、というのが僕の意見です。

あくまで一般論ですが、中高の教師たちは、大学入試が依然として中高の授業に多大な影響を及ぼす中で、教科指導があり、生活指導、保護者対応、部活動指導……などなど、多忙を極めています。物理的に、新規ジャンルに取り組みにくい構造にあるのです。

また、最初に示された内容には大きな欠陥があるように思います。

セミナーや出前講座ではアントレプレナーは育成できないという点です。

もし起業家を育成したいのであれば、ゼロから生み出すことへの正義、スモールスタートを起こす勇気が、この国でもっと語られなければなりません。

個人的にはアントレプレナーシップ教育の本質が、日本では誤って伝わっているように思います。アントレプレナーシップの本質は、起業する人間の特性を育成するのではなく、〝起業家的行動能力〟を育成することです。

アジアや欧米と比較すると、日本は起業する率が低く、アントレプレナーシップの資質を持った人が少ないことがGlobal Entrepreneurship Monitorなどの国際的な調査結果で指摘されています。その大きな要因として、学校教育（特に初等・中等教育）での学習経験の少なさが挙げられています。

起業家精神は、働く上でもキャリア発達の中でも重要な資質能力であるにもかかわらず、日本の学校教育ではほとんど実践されていません。

文部科学省は、キャリア教育の定義について、

○端的には「児童生徒一人一人の勤労観、職業観を育てる教育」

○中央教育審議会答申（平成11年12月）における定義：「望ましい職業観・勤労観及び職業に関する知識や技能を身に付けさせるとともに、自己の個性を理解し、主体的に進路を選択する能力・態度を育てる教育」

○これを本協力者会議では、「キャリア」概念に基づき、「児童生徒一人一人のキャリア発達を支援し、それぞれにふさわしいキャリアを形成していくために必要な意欲・態度や能力を育てる教育」ととらえている

（出典：文部科学省「キャリア教育の推進に関する総合的調査研究協力者会議報告書～児童生徒一人一人の勤労観，職業観を育てるために～の骨子」
https://www.mext.go.jp/b_menu/shingi/chousa/shotou/023/toushin/04012801.htm）

と述べています。

つまり、キャリア教育は、〝社会生活の中でどのように働き生きていくかを個々人が見出す支援〟であり、起業を含め多様な職業の選択肢について知ることは、進路を決定していく上でも大切な学びになるということです。

技術革新が急速に進み、多くの仕事がＡＩやロボットに置き換わる中で、人間に求められる力はこれから変化していくのは間違いありません。

若い人たちが、この先何が起きても、自ら事業を起こし生活できる力を習得する機会をつくることは、僕たち大人の重要な責務でもあります。

起業家と教師の意識の違い

２０２２年12月下旬。

網走探究プロジェクトの熱もまだ冷めやらぬ最中、再び10月に追手門学院の辻本先生に連絡してしまいました。

「どうしても、日本のアントレプレナー教育をアップデートしたいのですが、お付き合いしていただけますか？」

この問いかけに、「はい」という二つ返事。

日本の学校間において、これほどスムーズにプロジェクトが進むことがあるのでしょうか。

僕は、同じことが全国の学校間で多発的に起こるようになったら、日本の教育も少しは変わると思っています（学校のブランディングのため、共同ではできない！　なんていう学校が少なからずありそうですが、たぶん日本はもうそんな状況ではないと思いますよ）。

さて、本気でアントレプレナーシップ教育を行うのなら、やはり生徒を本物の起業家に会わせてあげたい。

となればやはり、その数が圧倒的に多いのは東京です。

首都圏でアントレプレナーシップ教育を行っている学校とコラボできないかと考えていた矢先、千葉の昭和学院の中山先生（当時）とともにアントレプレナーシップ教育を盛り上げようとの話になっていたこともあって、3校合同のプロジェクトとなって実施に至りました。

中山先生は、アントレプレナーシップ教育の取り組みを2022年夏にもされていて、先進的な実践家でしたので、話がめちゃくちゃ早く進みました。「やってみる精神」がすごい方です。

学校の違う生徒たちと教員、そして起業家の方々、大学生たちが3泊4日寝食を共にする中で、とてつもないグルーヴを生み出すプロジェクトとなりました。同時に起業家と教員が考える関わり方、アプローチの仕方についての違いをとことん理解した4日間でした。

詳しい内容は、またどこかで直接お伝えさせていただきたいのですが、少しだけ話すと、とにかく起業家の方々のアプローチが教師と全然違うのです。

教師は、どちらかというと全員をまんべんなく活かしてあげられるよう配慮しながらプロジェクトを支援するのですが、起業家たちは、全力で〝本気の生徒〟と向き合うわけです。

起業家たちは、トップアップを意識し、教師たちはボトムアップを意識する。

実は、このシンプルな意識構造こそ、日本のアントレプレナーシップ教育が停滞する原因だったことに気づきました。

この垣根を越えることができれば、日本のアントレプレナーシップ教育は本気の実践段階に入れるはずだ。そんな新たな確信を得た合宿となりました。

今後、多くの学校がこういった機会を実施できるようになれば、日本の教育は確実にアップデートの道を歩むことができる。そんな手応えを感じています。

日本の政治教育を考える

2022年4月から成年年齢が現行の20歳から18歳に引き下げられました。この定義見直しは、実に約140年ぶりのことです。それに先立って2015年6月、改正公職選挙法が成立し、国政では

２０１６年7月の参議院選挙から「18歳選挙権」が導入されました。目的として、このように述べられています。

「いま日本は、少子高齢化のために高齢者の人口が増える一方で、若年者の人口が減っています。このため若年者の有権者数が少ないことになり、若い世代の意見が国や地方の政治に反映されにくいことになります。

そこで、若い世代の意見がもっと政治に反映されるように選挙権年齢を引き下げ、より多くの若い人たちが選挙で投票できるようにしたのです」

（出典：政府広報オンライン「若者の皆さん！あなたの意見を一票に！」https://www.gov-online.go.jp/useful/article/201602/1.html#section1）

成人年齢見直しは、18歳選挙権が主な目的だと思いますが、その導入によって教育界でも主権者教育を実施し、若者の政治参加を促そうと必死で政治参画するよう呼びかけてきました。

僕も社会科教師として、主権者教育を進めながら実践していましたが、そんな活動も虚しく、２０１９年の参議院選挙では、10代の投票率はスタートしてから過去最低の32・２８％となり、若者の政治離れが表面化していることがわかってしまいました（出典：「総務省・参議院議員通常選挙における年代別投票率（抽出）の推移」https://www.soumu.go.jp/main_content/000646811.pdf）。

ところが、２０２１年の衆議院選挙では10代の投票率が２０１７年の40・４９％から43・２１％と劇的に増加していたことがわかりました（出典：「総務省・衆議院議員総選挙における年代別投票率（抽出）の推移」https://www.soumu.go.jp/senkyo/senkyo_s/news/sonota/nendaibetu/）。

なぜ投票率が上がったのかを分析すると、ＳＮＳなどによる投票運動に加えて、コロナによって初めて社会変動と向き合うことになったことが大きな要因といわれています。

つまり、政治教育とは「社会への関わりをいかに担保するか」が鍵となるということでしょう。

２０２２年の新学習指導要領の「公共」という科目は、今までの教科書を主体とした学びではなく、いかに社会と繋がった自分たちを感じ、パブリックマインドを育成するかが問われています。

そのためには、まず大人たちが中心となって政治がタブーである社会の脱却から始めなければいけません。

以前、日米英のあるニュースサイトでトップに上がる記事は何か、というネット記事があり、日本での芸能ニュースの比率が他国に比べてずば抜けている結果に愕然としたことがありました。

ユーザーのニーズに応えるためなのか、アクセス数を求めるゆえの判断か計りかねますが、いずれにせよ世界の出来事に興味が低く、ゴシップ好きという日本の国民性を如実に表していたように思います。

若者の投票率が低いなどという前に、僕たちこそ政治に対して、社会で起こっている問題に対して、誠実な目を向けているのか、襟を正さなくてはいけません。

10代は、僕たちの鏡です。子どもたちにあれこれ言う前に、長年目を逸らしてきた厳しい現状に向き合うのはまず、僕たちからです。

●若年層の国政選挙での投票率の推移

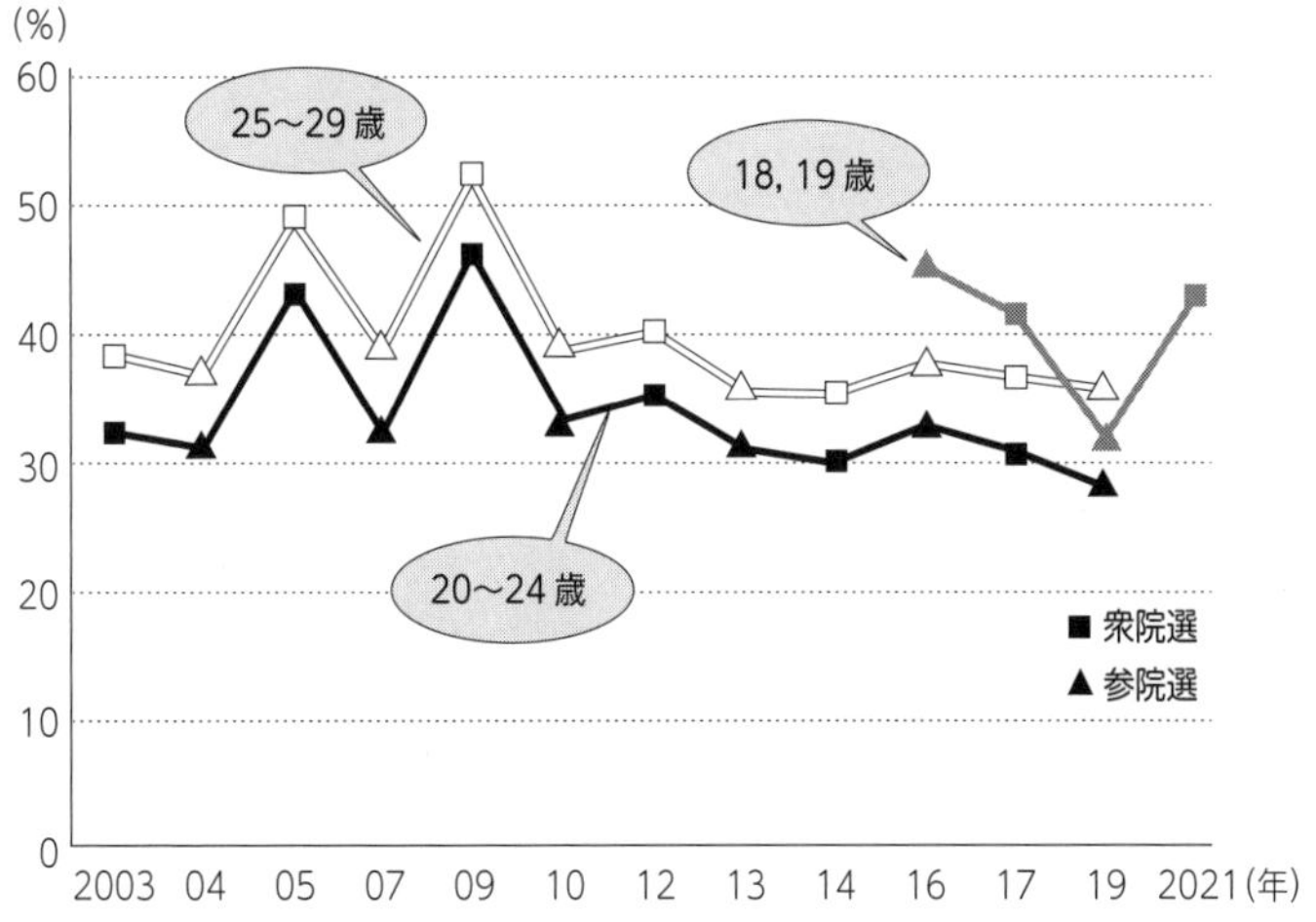

①20代前半、20代後半ともに、衆院選の投票率□は概ね参院選の投票率△よりも高くなっている

②2016年参院選は初めて10代有権者が投票した選挙ということもあり20代有権者の投票率も上昇している

③参院選(2019年)と衆院選(2021年)では、18歳有権者に占める高校在学生の割合が異なり、影響している可能性がある

出所：総務省「令和３年10月31日執行　衆議院議員総選挙・最高裁判所裁判官国民審査　速報資料」および「国政選挙における年代別投票率の推移について」より作成　©けんみん会議

出典：選挙ドットコム「衆院10代有権者の投票率は1.5%の増加。若者の投票を増やすために求められること(原口和徳)」https://go2senkyo.com/articles/2021/11/13/64584.html

最終結論「非効率宣言」

生産性重視の現代、ＡＩやロボットによって一気に効率化が進んでいます。

ホリエモンの名で知られる実業家・堀江貴文氏も、効率について言及しているのですが、僕からすると、彼は非効率な人だなと思うのです。

多事業を持つ彼ですが、中でも情熱的に継続しているロケットエンジンの開発。これは効率の悪さでいうと、最たるものではないでしょうか。

宇宙事業には多額の費用がかかりますが、失敗するのは一瞬です。彼であれば、効率よく結果の出ることだけしてもいいはずなのに……。資金繰りも楽ではない中、ロケットの打ち上げ自体は失敗続き。それでも「次は成功させたい」と語るのです。

また、日本はロケットの打ち上げに非常に恵まれた環境にあるにもかかわらず、政府が宇宙開発に注力してこなかったことに苦言を呈する発言もしています。

宇宙をビジネスにしようと思う人がほぼいない日本で、彼だけは熱くその価値を語りつづけているのです。なんというロマンチストなのでしょうか。

僕たちは、現代社会において生産性効率性を求めるほどに、人間の心の豊かさ、幸せの在り方がどういうものか、すっかりわからなくなってしまったように思います。

何が幸せで、豊かさとは何を指すのか。

自分のことなのにわからないという、なんとも不思議な状態に陥ってしまいました。まるで、非効率で無駄に見えるようなことから、新たなことが生まれることをすっかり忘れてしまったかのようです。あるいは美学によって自分を保つことにさえ、興味を持たなくなっているのかもしれません。

個性化の時代と言われるようになりましたが、実際は「無個性化」しているのが現代の社会です。だからこそ個性化しようと大声でまくしたてているのかもしれませんが、そんなことで個性化するはずもありません。

今こそ、僕は「美学」を持つべきだと考えています。

「非効率」を採用する時代が始まった

タイパという言葉を最近よく耳にします。タイム・パフォーマンスの略で、かけた時間以上の価値があるかを問うものだそうです。

動画を1・5倍速で視聴するのが日常の若者にとって、いかに時間をかけずに満足度を上げるかが重要になっているということですね。

なんといっても効率優先、生産性至上主義の現代、加えて経済的価値を優先する人もいるでしょう。

ビジネスの課題を解決する「デザイン思考」と、アーティストが作品づくりをするプロセスを用いる「アート思考」という思考手法がありますが、僕がここで言いたいのは、生産性と同時に「非効率性を学ぶ重要性」です。


「芸術と命、どっちが大事だ」と叫んで、名画に液体をかけた環境活動家がニュースになりましたが、生産性と効率を考えれば、アートとはなんと無駄なものでしょう。

同時に、芸術を美しいと感じる心がなくなった人間に価値はあるのか、という問いも生まれます。

何かを美しいと感じなくなるほど、人は美しいものに気づかなくなる。それは非常に怖いことです。

AIで効率化が加速し、買い物ひとつにしても人と話さずに自動精算が当たり前になる時代、それで本当に僕たちは豊かに幸せになるのだろうかと、僕は常々疑問に思っています。

美しいと感じる心、こうありたいと描く自分。人は美学、美徳を失ったとしても生きることを面白く感じることができるのでしょうか。

効率が優先されるほど、人間味がなくなっていくのは抗えない事実であり、人間味がなくなるとは、人の感性が失われることでもあります。

ならば、効率化とは、「人間ならではの心、感受性を失わせる技術が発達していくこと」という言い方ができるのはないでしょうか。

だからこそ、学校教育では「非効率」を採用する。これが僕の考えです。

無駄を推進する学校であれ

言い換えれば「人間として何が大切か。自問自答する時間を与える」ということです。これって効率至上主義の現代社会において、完全に無駄な時間だと思いませんか?

誰も興味を持たず、何の役にも立たないこと。

それでも自分がやりたいこと。やっていて楽しいこと、夢中になれること。その行為に費やす時間。見つけるために動いてみる時間。

こういったものは全て、僕が推進していく「無駄」です。非常に重要かつ貴重な無駄です。皆さんが通常使っている意味と同じかもしれませんし、違うかもしれません。

生産性なんてありませんし、損得というモノサシも通用しません。〝役に立つからやる・得するからやる〟と完全に逆の道です。

役に立たなくても、得しなくてもやる。

興味があるからやりたいことが見つかる。

こうありたい、自分のこうしたいがわかる学校。

それこそが僕の描く未来の学校の役割であり、それはすでに始まっています。

ここまで国の将来予測や、より良い教育とは？　などあれこれ偉そうに述べてきましたが、究極突き詰めると、社会の役に立つかどうかなんてどうでもよくて、自分が好きなことを信念をもってやれる力を育てられるかどうか。

最終的に僕の描いている学校の未来は、ここに行き着きます。


前提として、進む道に正解不正解はなく、最終的に生徒たちが選択すればいいと思っています。損得優先にしてもいい、美学を優先してもいいんです。ただ、高校生までに「自分がどう生きたいか」という考えを持てたなら、これほど素敵なことはないんじゃないか？　と僕は思うのです。

最終的には全て、本人で決めることです。

そのためにも自分が思っている以上に、この世界には損得以外の価値基準が数多くあることを、学校で体験しておくことは、決して無駄ではありません。

生徒たちが生きていく中では、やりたいことが見つかったり、実際にやってみたり、適齢期になって家族ができたことで選択を変える必要がでてきたり……。人は年齢とライフイベントによって、何度も意思決定が必要になります。

そのときも「自分はこうだから」という軸があれば、少なくとも自分に戻る場所は持てるのではないかと思っています。

豊かさとは「幸せの感受性」

予想を超えてくる昨今の世界事情、その未来に不安を抱いておられる方も多いと思います。

確かに日本は下っていきますが、約30年後となる2050年のGDPでいうと、日本は世界10位前後をウロウロしているんじゃないかと推測されています。規模としては、人口約6000万人でGDP世界6位のフランスに近いイメージです。生産する人口は減っているでしょうが、仕事は選ばなければあるでしょう。

没落していく国と称される日本ですが、思うほどに没落はしないというのが僕の見立てです。

だからといって、今と同じ考え方のままでいると、生きることそのものが苦しくなることは確かです。親が望むものを選べば選ぶほど、タフな道を行く時代に突入していくからです。

もしこれまでのような経済発展や効率優先、生産性重視、学歴、損得といったモノサシを採用し続ければ、遅かれ早かれ疲弊して倒れてしまうのは避けられません。

課金ゲームで終わる休日も悪くはありませんが、それだけでは寂しく、さながらディストピアです。誰かが言わずとも、本人が一番苦しく孤独に感じることでしょう。子どもにそんな人生を歩ませたい親はいないと思います。

SNSには、人の足を引っ張ることをまるで生業のように続けている人も多くいるようですが、僕は生徒たちに、価値のない破壊行動にいそしむような大人になってほしくありません。

例えば、「美術館が好きで、一日過ごせると幸せでしょうがない」という感受性を持っていたら、いつの時代でも「豊かな自分」を感じて生きていくことはできると僕は思います。

幸せの感度と感受性を多く持っている人は、豊かだと言えませんか？

「これまで」の豊かさの概念を、変えるときが来ています。

子どもに、どんな時代でも楽しみながら人生を歩めるようになってほしいと願うのなら、繰り返しになりますが、まずは大人から、です。

自分の「美学」を語れる人生

今すぐとはいいませんが偏差値、学歴至上教育の終わりが見えてきた今、改めて伝えたいのは、「全員が数学できなくていいんだよ」ということです。

音楽でも、国語でも、美術でも体育でもいいのです。なんでも好きなものをとことんやっていいのです。

大人としては、そういう思いをいかに子どもに貫かせてあげられるか、子どもとしては自分の道、自分の在り方を見つけるのが、いかに重要かという話です。

「美術が好きなのでこの道へ行きます」という意思決定も、これまでは憚られてきたかもしれません。これは一つの側面ではありますが、今後人口が減りながらも、高齢者の割合は増えていきます。

彼らを笑顔にするアートやサービスは、これまで以上に求められ、企業介入、起業など新たな分野、職業が生まれていくことでしょう。音楽も然りです。

それが何であれ、自分が「生きていて豊かだ」と思えることを発見すればするほど、個人が幸福に過ごす能力は必然的に高まります。

一見役に立たないことや、非生産的なことに夢中になれる才能、好きなことに気づき、邁進できる生徒はすでに活動しています。

すでに本校にも「学校の歴史が好き」と言って調べ続けている生徒や、生物が好きでその道を極めようとしている生徒もいます。

生徒一人ひとりが自分の「美学」を語れる学校を、僕はこれからの時代に創りたいと考えています。

「これが好きだ」と誰かが語り出すと、みんなが「ほぉ」と耳を澄ます。

明確なヴィジョンは持たない主義ですが、それでも今、胸に描いているのはそんな学校であり、教室の風景なのです。

おわりのはじまり

２０２３年は、本校が創立１００周年という節目となる年です。

今年のテーマは、〝ダイエット（もちろん痩せたい）〟ではなく、〝普遍性〟です。

10数年前にあるブログで「いずれ聖母は潰れる」と揶揄されました。そして現在、たくさんの学校が廃校になっています。

何ゆえ、本校が生き残ったのか。

廃校寸前から蘇った本校の〝普遍性〟とはなにか。

きっと社会にとって意味があるのだろうと思います。


先日、大阪の聖母１００周年を祝う意味を込めて、ＯＢＯＧが集うホームカミングデーを実施しました。創立以来初の開催とあって、約７００人もの関係者が来校されました。２０１５年に廃校していれば存在しなかった行事です。

多くの卒業生たちの思い出の場所。それが学校です。

もちろん、時代の変化をキャッチしながら新しい学校像を表現することにとても価値を感じるのですが、「学校の普遍性とは何か」を卒業生から学びました。

人口減少真っ只中の日本において、皆様の学校より20年先をいった廃校からの蘇り方を余すことなくお伝えしたい。それが100年前の先人からの無言のメッセージかなと受けとめています。

そのようなタイミングで本書の刊行に至ったことは、僕の人生にとってかけがえのない喜びです。このような機会を与えていただいたIBCパブリッシング代表の浦晋亮さん、そして、僕の拙い表現をうまく噛み砕いて言語化してくださった安達明子さん、本当にありがとうございました。

また、共に学校運営を支えてくださる先生方、応援してくださる保護者の方々、いつも見守ってくださる卒業生の方々、人生は豊かだと教えてくれた数々の恩師、一緒によき未来を目指す同志の仲間たち、そして仕事バカの僕をサポートしてくれる家族。教員生活10年、新米校長から丸4年。僕を成長させてくれた全ての生徒たちとの出会いに感謝を送ります。

課題もやりたいこともまだまだあります。起業家と学校教育をどう融合させるか。日本が経済的に下降局面になる中でどんな教育が必要なのか、教師の役割とは何か。

先取り学習なんて目もくれず、中身の濃い、ヌヴェールらしい教育を表現していく所存です。その話はまたどこかで。皆様、これからもどうぞよろしくお願いいたします。

2023年春

池田靖章

池田靖章

いけだ やすあき：香里ヌヴェール学院学院長兼中学校高等学校校長
1984年大阪府生まれ。学校法人聖母女学院常任理事・香里ヌヴェール学院学院長兼中学校高等学校校長。大阪南部の中高一貫校を経て、京都教育大学大学院教育学修士課程修了。私立高校にて10年間教壇に立ちながら、アメリカ、カナダ、オーストラリア、マレーシア、台湾など自他校生徒合わせて延べ50名以上の海外大学進学を指導する。
2019年34歳の当時現役最年少校長に着任、現職。初年度に自ら交渉し、10校を超える海外大学と提携。2019年度海外進学者0名→実数21名（2020～22年度）に。2年目に訪れたコロナ禍で激動の学校運営を求められる中、20年間続いていた赤字経営を着任3年で黒字に転化。入学者数62人（2014年度）→313人（2023年度）と5倍増を達成する。
著書に『自分ごとからはじめよう SDGs探究ワークブック ～旅して学ぶ、サスティナブルな考え方～』（noa出版）、『「総合的な探究」実践ワークブック―社会で生き抜く力をつけるために』（学事出版）などがある。

［装幀］見増勇介、関屋晶子（ym design）

［協力］安達明子

友だちの夢に耳を澄ます教室

2023年6月2日　初版第1刷発行

著　者　池田靖章

発行者　浦　晋亮

発行所　IBCパブリッシング株式会社
〒162-0804　東京都新宿区中里町29番3号 菱秀神楽坂ビル
www.ibcpub.co.jp

印　刷　株式会社シナノパブリッシングプレス

Printed in Japan
ISBN 978-4-7946-0760-7